CIDADES REBELDES

CIDADES REBELDES

Passe Livre e as manifestações que tomaram as ruas do Brasil

Carlos Vainer • David Harvey • Ermínia Maricato • Felipe Brito • João Alexandre Peschanski • Jorge Luiz Souto Maior • Leonardo Sakamoto • Lincoln Secco • Mauro Luis Iasi • Mídia NINJA • Mike Davis • Movimento Passe Livre – São Paulo • Pedro Rocha de Oliveira • Raquel Rolnik • Ruy Braga • Silvia Viana • Slavoj Žižek • Venício A. de Lima

Copyright desta edição © Boitempo Editorial, 2013

Equipe de realização
Alícia Toffani, Ana Yumi Kajiki, Antonio Kehl, Artur Renzo, Bibiana Leme, Ivana Jinkings, João Alexandre Peschanski, Joaquim Ernesto Palhares, Kim Doria, Livia Campos, Sergio Romagnolo, Thaisa Burani.

Equipe de apoio
Elaine Ramos, Eric Buasquevicz, Ivam Oliveira, Johnson Haruo Tazoe, Marlene Baptista, Renato Soares Ferreira.

CIP-BRASIL. CATALOGAÇÃO-NA-FONTE
SINDICATO NACIONAL DOS EDITORES DE LIVROS, RJ.

C51
Cidades rebeldes : Passe Livre e as manifestações que tomaram as ruas do Brasil / Ermínia Maricato ... [et al.]. - 1. ed. - São Paulo : Boitempo : Carta Maior, 2013.
    112 p. ; 23 cm. (Tinta Vermelha)

    ISBN 978-85-7559-341-7

    1. Movimento Passe Livre. 2. Manifestações públicas - Brasil. 3. Movimentos de protesto - Brasil. 4. Transportes - Aspectos sociais - Brasil. 5. Brasil - Política e governo - 2013-. I. Maricato, Ermínia. II. Série.

13-03072

CDD: 320.981
CDU: 32(81)

Legendas: capa: São Paulo, 20 de junho de 2013; segunda e terceira capas: Belo Horizonte, 26 de junho de 2013; p. 2: Brasília, 17 de junho de 2013; p. 19: contradesenho; p. 41: Leslie Loreto e Renata Camargo/contradesenho; e p. 111: São Paulo, 11 de junho de 2013.

Foram feitos todos os esforços para encontrar os autores das imagens, mas em alguns casos isso não foi possível. Se forem localizados, a editora se dispõe a creditá-los nas próximas edições.

1ª edição: julho de 2013; 1ª reimpressão: setembro de 2013
2ª reimpressão: novembro de 2013; 3ª reimpressão: junho de 2014
4ª reimpressão: junho de 2015; 5ª reimpressão: outubro de 2020

BOITEMPO
Jinkings Editores Associados Ltda.
Rua Pereira Leite, 373
05442-000 São Paulo SP
Tel.: (11) 3875-7285 / 3875-7250
editor@boitempoeditorial.com.br
boitempoeditorial.com.br
blogdaboitempo.com.br
FACEBOOK boitempo
TWITTER editoraboitempo
YOUTUBE tvboitempo

Sumário

Nota da editora 6

Apresentação – As vozes das ruas: as revoltas de junho e suas interpretações,
Raquel Rolnik..7

Não começou em Salvador, não vai terminar em São Paulo,
Movimento Passe Livre – São Paulo 13

É a questão urbana, estúpido!, *Ermínia Maricato* 19

A liberdade da cidade, *David Harvey*...27

Quando a cidade vai às ruas, *Carlos Vainer* 35

A rebelião, a cidade e a consciência, *Mauro Luis Iasi* 41

Estrada de metal pesado, *Mike Davis* 47

Será que formulamos mal a pergunta?, *Silvia Viana* 53

O transporte público gratuito, uma utopia real, *João Alexandre Peschanski* ..59

Territórios transversais, *Felipe Brito e Pedro Rocha de Oliveira* 65

As Jornadas de Junho, *Lincoln Secco* 71

Sob a sombra do precariado, *Ruy Braga* 79

A vez do direito social e da descriminalização dos movimentos sociais,
Jorge Luiz Souto Maior..83

Mídia, rebeldia urbana e crise de representação, *Venício A. de Lima*..............89

Em São Paulo, o Facebook e o Twitter foram às ruas, *Leonardo Sakamoto* 95

Problemas no Paraíso, *Slavoj Žižek* 101

Sobre os autores 109

Nota da editora

Idealizado e organizado coletivamente, este livro lança olhares multifacetados sobre a onda de protestos que tomou as cidades brasileiras em 2013, as chamadas Jornadas de Junho.

A maioria dos textos foi encomendada diretamente aos autores, a partir de uma pauta elaborada pelas equipes da Boitempo e da Carta Maior. A rede Mídia NINJA elaborou um ensaio fotográfico especial para a coletânea. Agradecemos pela cessão de uso de imagens a Adriano Kitan (Pirikart), Bruno D'Angelo, Fido Nesti, Janaína Navarro, João Montanaro, Laerte Coutinho, Rafael Coutinho e Rafael Grampá. Também agradecemos a Gabriel Bá, organizador do quadrinho-manifesto *#sobreontem*, pelo apoio na obtenção das ilustrações. Os cartazes que abrem os capítulos foram baixados do estúdio Meli-Melo Press, onde não constam créditos de autoria.

Para tornar o livro mais acessível, autores cederam gratuitamente seus textos, tradutores não cobraram pela versão dos originais para o português, quadrinistas e fotógrafos abriram mão de pagamento por suas imagens. A parceria com a Carta Maior e o apoio da Fundação Rosa Luxemburgo foram essenciais para que esta obra alcance o maior número de pessoas, estimulando-as, quem sabe, a ir às ruas por mudanças.

Cidades rebeldes: Passe Livre e as manifestações que tomaram as ruas do Brasil inaugura a coleção Tinta Vermelha, que pretende reunir obras de intervenção e teorização sobre acontecimentos atuais. Insere-se nessa linha a segunda reimpressão de *Occupy: movimentos de protesto que tomaram as ruas*, prevista para agosto de 2013. Foi a ampla difusão desse livro, originalmente publicado em março de 2012 e reimpresso três meses após a tiragem inicial, que motivou a criação deste selo. O título da coleção é uma referência ao discurso de Slavoj Žižek aos manifestantes do Occupy Wall Street, na Liberty Plaza (Nova York), em 9 de outubro de 2011. O filósofo esloveno usou a metáfora da "tinta vermelha" para expressar a encruzilhada ideológica do século XXI: "Temos toda a liberdade que desejamos – a única coisa que falta é a 'tinta vermelha': nos 'sentimos livres' porque somos desprovidos da linguagem para articular nossa falta de liberdade". A íntegra do discurso está disponível em: <http://blogdaboitempo.com.br/2011/10/11/a-tinta-vermelha-discurso-de-slavoj-zizek-aos-manifestantes-do-movimento-occupy-wall-street/>.

O título deste volume faz referência a *Rebel Cities: From the Right to the City to the Urban Revolution*, Verso, 2012, do geógrafo britânico David Harvey, autor que inspira esta edição.

Apresentação

As vozes das ruas: as revoltas de junho e suas interpretações

Raquel Rolnik

Refletindo sobre como escrever o texto de apresentação deste livro, deparei-me com o editorial de um semanário francês com a seguinte pérola:

> Como na Turquia, as manifestações violentas que lançaram às ruas mais de um milhão de pessoas nas cidades brasileiras ecoaram como um trovão em um céu aparentemente sereno. Entretanto, elas demonstram, para além dos protestos contra a alta das tarifas nos transportes públicos, a *débâcle* do milagre brasileiro, que, após uma década de crescimento excepcional (5% ao ano), que aumentou a renda per capita de 7.500 para 11.800 dólares e fez emergir uma classe média de 90 milhões de pessoas, cresceu apenas 0,9% em 2012, por conta da política estatista e protecionista da presidenta Dilma Rousseff.[1]

---

[1] Editorial de *Le Point*, 27 jun. 2013. Tradução minha.

8 | Cidades rebeldes

O artigo prossegue com a ladainha do fundamentalismo neoliberal, apontando o elevado custo do trabalho, a alta carga tributária e a corrupção como os responsáveis pelo grande descontentamento manifesto nas ruas.

Explicações como essas, que soam no mínimo patéticas para o grupo de autores que compõe esta bela e forte tentativa de interpretação das chamadas revoltas de junho, estiveram presentes não apenas nas leituras sobre os eventos, mas nas próprias manifestações. No decorrer dos protestos, houve uma disputa nos cartazes empunhados pelo conjunto heterogêneo que ocupou as ruas e uma guerra de interpretações das vozes rebeldes. Nesse sentido, esta iniciativa da Boitempo, que convoca o pensamento crítico independente para interpretar os fatos recentes no Brasil no calor do momento, é mais do que bem-vinda, e fazer a apresentação deste livro é, para mim, um enorme privilégio.

Podemos pensar essas manifestações como um terremoto – uma metáfora mais adequada do que o trovão mencionado no editorial do semanário francês –, que perturbou a ordem de um país que parecia viver uma espécie de vertigem benfazeja de prosperidade e paz, e fez emergir não uma, mas uma infinidade de agendas mal resolvidas, contradições e paradoxos. Mas, sobretudo – e isso é o mais importante –, fez renascer entre nós a utopia... No campo imediato da política, o sismo introduziu fissuras na perversa aliança entre o que há de mais atrasado/excludente/prepotente no Brasil e os impulsos de mudança que conduziram o país na luta contra a ditadura e o processo de redemocratização; uma aliança que tem bloqueado o desenvolvimento de um país não apenas próspero, mas cidadão.

Os autores desta coletânea apontam várias agendas como o epicentro do terremoto. Para Ruy Braga, "a questão da efetivação e ampliação dos direitos sociais é chave para interpretarmos a maior revolta popular da história brasileira". O direito a ter direitos, que alimentou as lutas dos anos 1970 e 1980 e inspirou a Constituição e a emergência de novos atores no cenário político, parecia esvanecido no contexto da formação de uma espécie de hibridismo de Estado, desenvolvimentista e neoliberal, com uma cultura política e um modelo político-eleitoral herdados da ditadura. Nas palavras de Carlos Vainer (parafraseando Mao Tse-Tung), "uma fagulha pode incendiar uma pradaria" e, no nosso caso, essa fagulha foi a mobilização contra o aumento da tarifa nos transportes públicos convocada pelo Movimento Passe Livre (MPL). O MPL-SP formula a questão da tarifa em seu ensaio neste livro como uma afirmação do direito à cidade. De acordo com o texto/manifesto, a circulação livre e irrestrita é um componente essencial desse direito que as catracas – expressão da lógica do transporte como circulação de valor – bloqueiam. João Alexandre Peschanski, compartilhando dessa visão, analisa a proposta da tarifa zero, sua apropriação possível pelo sistema capitalista e, ao mesmo tempo, seu potencial transformador da sociedade.

A situação da mobilidade nas cidades brasileiras assemelha-se muito à de Los Angeles, descrita por Mike Davis. Nas nossas ruas, o direito à mobilidade se entrelaçou fortemente com outras pautas e agendas constitutivas da questão urbana, como o tema dos megaeventos e suas lógicas de gentrificação e limpeza social. As palavras de Ermínia Maricato – "os capitais se assanham na pilhagem dos fundos públicos deixando inúmeros elefantes brancos para trás" – me lembraram um cartaz que vi em uma das passeatas: "Quando meu filho ficar doente vou levá-lo ao estádio". A questão urbana e, particularmente, a agenda da reforma urbana, constitutiva da pauta das lutas sociais e fragilmente experimentada em esferas municipais nos anos 1980 e início dos anos 1990, foram abandonadas pelo poder político dominante no país, em todas as esferas. Isso se deu em prol de uma coalizão pelo crescimento que articulou estratégias keynesianas de geração de emprego e aumentos salariais a um modelo de desenvolvimento urbano neoliberal, voltado única e exclusivamente para facilitar a ação do mercado e abrir frentes de expansão do capital financeirizado, do qual o projeto Copa/Olimpíadas é a expressão mais recente... e radical.

Entretanto, não se compra o direito à cidade em concessionárias de automóveis e no Feirão da Caixa: o aumento de renda, que possibilita o crescimento do consumo, não "resolve" nem o problema da falta de urbanidade nem a precariedade dos serviços públicos de educação e saúde, muito menos a inexistência total de sistemas integrados eficientes e acessíveis de transporte ou a enorme fragmentação representada pela dualidade da nossa condição urbana (favela *versus* asfalto, legal *versus* ilegal, permanente *versus* provisório). A "fagulha" das manifestações de junho não surgiu do nada: foram anos de constituição de uma nova geração de movimentos urbanos – o MPL, a resistência urbana, os movimentos sem-teto, os movimentos estudantis –, que, entre "catracaços", ocupações e manifestações foram se articulando em redes mais amplas, como os Comitês Populares da Copa e sua articulação nacional, a Ancop.

O direito à cidade é também reivindicado por coletivos ligados à produção cultural, como relata Silvia Viana, que colocam a ocupação do espaço público como agenda e prática. As cidades brasileiras são cada vez mais e em vários momentos não apenas palco, mas objeto de inter-

10 | Cidades rebeldes

venções desses coletivos, como no caso da ocupação Prestes Maia, em São Paulo, que articulou os grupos de produção cultural aos dos sem-teto e outros movimentos. O texto de Silvia Viana aponta para uma diferença substantiva que se estabeleceu nas interpretações – e apresentações – das manifestações: a clivagem entre "pacíficos" e "baderneiros". Como em outros *snapshots* da guerra de significados, a ocupação da cidade foi disputada por diferentes sentidos. A tropa de choque, que no cotidiano executa pessoas sumariamente nas favelas e realiza despejos jogando bombas de gás nos moradores, entrou e saiu de cena ao longo das manifestações, lembrando que, no país próspero e feliz, a linguagem da violência ainda é parte importantíssima do léxico político. O artigo de Felipe Brito e Pedro Rocha de Oliveira sobre o Rio de Janeiro demonstra a relação entre um projeto excludente de cidade e a militarização dos territórios populares. Ao lê-lo, ecoou em minha memória um dos *slogans* ouvidos nas ruas: "Que coincidência! Não tem polícia, não tem violência".

Para a linguagem da polícia – e da ordem – a ocupação das ruas é baderna; porém, amparados pela Constituição, como nos lembra Jorge Luiz Souto Maior, para vários movimentos sociais ali presentes, a retomada do espaço urbano aparece como o objetivo e o método, que determina diretamente os fluxos e os usos da cidade. Nas palavras do MPL-SP:

> A cidade é usada como arma para sua própria retomada: sabendo que o bloqueio de um mero cruzamento compromete toda a circulação, a população lança contra si mesma o sistema de transporte caótico das metrópoles, que prioriza o transporte individual e as deixa à beira de um colapso. Nesse processo, as pessoas assumem coletivamente as rédeas da organização de seu próprio cotidiano.

Outros temas – e outras agendas, igualmente presentes nas ruas – podem ser lidos e interpretados a partir dessa fala do MPL: a participação, através de sua expressão mais radical, a autogestão, e as novas maneiras e métodos de fazer política tomaram as ruas como forma de expressar revolta, indignação e protesto. Isso não é novo na política. Mas hoje o tema da ocupação – no sentido do controle do espaço, mesmo que por um certo período, e, a partir daí, a ação direta na gestão de seus fluxos – tem forte ressonância no sentimento, que parece generalizado, do alheamento em relação aos processos decisórios na política e da falta de expressão pública de parte significativa da população. Ocupando as ruas, reorganizando os espaços e reapropriando suas formas, seguindo a linha teórica avançada por David Harvey em seu artigo, aqueles que são alijados do poder de decisão sobre seu destino tomam esse destino com seu próprio corpo, por meio da ação direta.

Desilusão/denúncia em relação à democracia e as formas de expressão pública? Na chamada agenda da "crise de representação" novamente convergem pautas e leituras contraditórias. Venício A. de Lima aponta como os grandes meios de comunicação, conglomerados empresariais monopolistas, investem sistematicamente na desqualificação dos políticos e da política e, nos últimos anos, insistem na pauta da corrupção como grande responsável pelas mazelas do país. Embora, de fato, o pacto de governabilidade tenha influenciado o distanciamento dos atuais partidos e políticos em relação à população e embora os chamados partidos de esquerda, uma vez conquistada a hegemonia na coalizão governante, tenham enterrado a pauta da participação popular e da gestão participativa direta, caracterizar a origem da crise atual no campo moral "corrupção", do qual só os políticos participam, é, no mínimo, altamente reducionista e pode também resvalar para diversas formas de fascismo, no estilo "Melhor sem os políticos".

A questão da representação não envolve apenas a crise dos partidos e da política e, portanto, a necessidade de uma reforma política, uma das principais agendas das ruas. Segundo Venício, "os jovens manifestantes se consideram 'sem voz pública', isto é, sem canais para se expressar". Twitter, Facebook e as demais redes sociais, outros personagens dessa trama, não garantem a inclusão dos jovens – e de vários outros segmentos da população brasileira – na chamada "formação da opinião pública", cujo monopólio é exercido pela grande mídia. É o que nos lembra Lincoln Secco: "Apesar de a maioria dos jovens manifestantes usar a internet para combinar os protestos, os temas continuam sendo produzidos pelos monopólios de comunicação". Assim, entende-se também por que redes de TV foram, e continuam sendo, atacadas pelos manifestantes.

Qual a conexão entre o movimento no Brasil e outros tantos do planeta, como o que ocorreu ao mesmo tempo em Istambul, a Primavera Árabe, o Occupy Wall Street, os Indignados da Espanha? Esses movimentos transformaram da praça Tahrir, no Egito, à praça do Sol, em Madri, da praça Syntagma, na Grécia, ao parque Zuccotti, nos Estados Unidos, passando pela praça Taksim, na Turquia, em palcos de protestos majoritariamente compostos por jovens, convocados por meio de redes sociais, sem a presença de partidos, sindicatos e organizações de massa tradicionais. Slavoj Žižek analisa essa questão com maestria em seu ensaio. Voltando ao semanário francês que citei no início: até a eclosão das manifestações na praça Taksim (e das revoltas de junho no Brasil) o discurso hegemônico dos representantes do fundamentalismo de mercado

12 | Cidades rebeldes

enquadrava esses movimentos basicamente como protestos pela falta de emprego, renda e democracia representativa, ou de uma combinação desses elementos, ignorando os inúmeros conteúdos e agendas trazidos para as ruas, sobretudo o questionamento do "sistema", essa velha palavra que sintetiza o modo de produção econômico-político da sociedade.

Nos diversos países que citei, assim como nas cidades brasileiras, os modelos de desenvolvimento e as formas de fazer política estão em questão. De acordo com Leonardo Sakamoto, a "civilização representada por fuzis, colheitadeiras, motosserras, terno e paletó [...] mais cedo ou mais tarde terá de mudar". O velho modelo de república representativa, formulado no século XVIII e finalmente implementado como modelo único em praticamente todo o planeta, dá sinais claros de esgotamento.

Contra esse modelo baseado em estruturas verticais e centralizadas, movimentos como o Occupy e outros propõem formas horizontais de decisão, sem personificação de lideranças nem comando de partidos e comitês centrais. Esta foi também parte da "surpresa" das ruas: onde estão as bandeiras e os carros de som com os megafones? Quem são os líderes? Quem manda? O apartidarismo ganhou sua versão fascista, antipartidária, quando militantes de partidos quiseram aderir às manifestações e foram espancados... pelos próprios manifestantes.

O leitor deste conjunto de artigos provavelmente concordará comigo que a voz das ruas não é uníssona. Trata-se de um concerto dissonante, múltiplo, com elementos progressistas e de liberdade, mas também de conservadorismo e brutalidade, aliás presentes na própria sociedade brasileira. Como diz Sakamoto: "Uma vez posto em marcha, um movimento horizontal, sem lideranças claras, tem suas delícias – assim como as tem um rio difícil de controlar – e suas dores – assim como as tem um rio difícil de controlar".

As propostas alternativas ao modelo dominante precisarão ter seu tempo de formulação e experimentação. Aos aflitos com a falta de novos modelos, eu perguntaria como teriam se sentido após a Revolução de 1848, na França... Temos que aprender a não nos assustar com isso também e, como diz Mauro Luis Iasi: "Devemos apostar na rebelião do desejo. Aqueles que se apegarem às velhas formas serão enterrados com elas".

Não começou em Salvador, não vai terminar em São Paulo
Movimento Passe Livre – São Paulo[1]

Como um fantasma que ronda as cidades deixando marcas vivas no espaço e na memória, as revoltas populares em torno do transporte coletivo assaltam a história das metrópoles brasileiras desde sua formação. Os bondes virados, os trens apedrejados, os ônibus incendiados, os catracaços[2], os muros "pixados" com as vozes das ruas, as barricadas erguidas contra os sucessivos aumentos das passagens são expressão da digna raiva contra um sistema completamente entregue à lógica da mercadoria. Num processo em que a população é sempre objeto em vez de sujeito, o transporte é ordenado de cima, segundo os imperativos da circulação do valor. Dessa forma, a população é excluída da organi-

---

[1] Este texto foi redigido por uma comissão, estabelecida em reunião do Movimento Passe Livre – São Paulo. A comissão discutiu coletivamente as ideias que deviam estar presentes em cada parágrafo. Foi um processo intenso, no qual a comissão se revezou por vezes em duplas, trios e quartetos. No fim, o texto foi lido em reunião, na qual foram feitas alterações definitivas.

[2] O catracaço é a implementação prática da Tarifa Zero. Pode ser feito com a abertura das portas traseiras do ônibus ou pulando as catracas.

14 | Cidades rebeldes

zação de sua própria experiência cotidiana da metrópole, organização essa que se realiza principalmente pelo sistema de transporte, o qual restringe a mobilidade ao ir e vir do trabalho e coloca catracas em todos os caminhos da cidade. E, no momento que se fortalecem as catracas, as contradições do sistema tornam-se mais evidentes, suscitando processos de resistência. É em meio a essa experiência concreta da luta contra a exclusão urbana que se forjou o Movimento Passe Livre.

As revoltas de junho de 2013, desencadeadas pela luta organizada pelo MPL-SP contra o aumento das tarifas, não são algo inteiramente novo. Para começar a compreender esse processo é preciso que voltemos a, no mínimo, 2003, quando, em resposta ao aumento das passagens, iniciou-se em Salvador uma série de manifestações que se estenderam por todo o mês de agosto daquele ano, que ficou conhecida como a Revolta do Buzu[3]. É impossível calcular precisamente quantas pessoas participaram desses protestos, mas as estimativas giram em torno de 40 mil, e pode-se dizer que qualquer pessoa que tenha entre 24 e 34 anos hoje em dia e que morava na capital baiana participou da revolta. Durante as aulas, estudantes secundaristas pulavam os muros das escolas para bloquear ruas em diversos bairros, num processo descentralizado, organizado a partir de assembleias realizadas nos próprios bloqueios. A indignação popular represada no interior do transporte coletivo fomentou uma dinâmica de luta massiva que escapava a qualquer forma previamente estabelecida. A Revolta do Buzu exigia na prática, nas ruas, um afastamento dos modelos hierarquizados; expunha outra maneira, ainda que embrionária, de organização.

Ao fugir de qualquer receituário pronto, a revolta deixava em aberto o sentido das mobilizações, tanto no que se refere à organização do transporte quanto à do próprio movimento. Com isso, entidades estudantis aparelhadas por grupos partidários se colocaram como lideranças e passaram a negociar com o poder público em nome dos manifestantes. Após barganhar meias concessões com os governantes, sem atingir a revogação do aumento, utilizaram-se de todos os meios possíveis para desmobilizar a população.

A partir dos relatos publicados no Centro de Mídia Independente[4] e do documentário *Revolta do Buzu*, de Carlos Pronzato[5], a experiência da

---

[3] Para uma análise mais detalhada, ver Manolo, *Teses sobre a Revolta do Buzu*, disponível em: <passapalavra.info/2011/09/46384>. Acesso em 20 jul. 2013.

[4] Disponível em: <www.midiaindependente.org/>. Acesso em 20 jul. 2013.

[5] Disponível em: <youtu.be/1BjRhZfcLHA>. Acesso em 20 jul. 2013.

ação direta da população por meio de assembleias horizontais, o aparelhamento da revolta pelas entidades estudantis e a explosividade da luta pelo transporte público ganharam certa projeção nacional. O filme passou a ser utilizado em várias cidades por comitês pelo passe livre estudantil – que já se organizavam localmente em torno de projetos de lei – em atividades em escolas, ampliando o debate sobre a questão do transporte e as formas de organização alternativas ligadas a ela. Os mesmos estudantes que assistiram àquelas imagens e as debateram pulariam os muros de suas escolas pouco tempo depois, para se juntar às manifestações da Revolta da Catraca, em Florianópolis, em 2004[6]. Ocupando terminais e bloqueando a ponte que dá acesso à ilha, os protestos forçaram o poder público a revogar o aumento e serviram de base para a fundação do MPL no ano seguinte.

A perspectiva aberta por esse curto processo de lutas que alcançou a vitória na capital catarinense deu origem ao movimento: uma tentativa de formular o sentido presente naquelas revoltas, a experiência acumulada pelo processo popular, tanto em sua forma como em suas motivações. Surge então um movimento social de transportes autônomo, horizontal e apartidário, cujos coletivos locais, federados, não se submetem a qualquer organização central. Sua política é deliberada de baixo, por todos, em espaços que não possuem dirigentes, nem respondem a qualquer instância externa superior.

Ao mesmo tempo que ultrapassava as formas de organização já estabelecidas, o teor explosivo das mobilizações apontava para as contradições que o produziam, imbricadas no sistema de transporte coletivo, ponto nodal na estrutura social urbana. O acesso do trabalhador à riqueza do espaço urbano, que é produto de seu próprio trabalho, está invariavelmente condicionado ao uso do transporte coletivo. As catracas do transporte são uma barreira física que discrimina, segundo o critério da concentração de renda, aqueles que podem circular pela cidade daqueles condenados à exclusão urbana. Para a maior parte da população explorada nos ônibus, o dinheiro para a condução não é suficiente para pagar mais do que as viagens entre a casa, na periferia, e o trabalho, no centro: a circulação do trabalhador é limitada, portanto, à sua condição de mercadoria, de força de trabalho.

A luta de reapropriação do espaço urbano produzido pelos trabalhadores supera, na prática, a bandeira do MPL em seus primeiros anos, que era o passe livre estudantil. Quando as tarifas aumentam, evidenciam-se

---

[6] Ver Leo Vinicius, *A guerra da tarifa* (São Paulo, Faísca, 2005).

16 | Cidades rebeldes

contradições que afetam a todos, não somente os estudantes, e então deixa de fazer sentido ter em vista apenas um recorte da população. A luta por transporte tem a dimensão da cidade e não desta ou daquela categoria.

Cada vez mais debatida internamente, a ideia do passe livre para todos ganhou sustentação após o movimento revisitar o projeto Tarifa Zero, formulado pela prefeitura de São Paulo no início da década de 1990. O salto de compreensão sobre o sistema que tal análise trouxe ao MPL terminou por desfazer o véu de argumentos técnicos que escondia os conflitos sociais e econômicos por trás da gestão do transporte. Daí em diante, assumiu-se o discurso do transporte como direito, aliás fundamental para a efetivação de outros direitos, na medida em que garante o acesso aos demais serviços públicos. O transporte é entendido então como uma questão transversal a diversas outras pautas urbanas. Tal constatação amplia o trabalho do MPL, que deixa de se limitar às escolas, para adentrar em bairros, comunidades e ocupações, numa estratégia de aliança com outros movimentos sociais – de moradia, cultura e saúde, entre outros.

Se a retomada do espaço urbano aparece como objetivo dos protestos contra a tarifa, também se realiza como método, na prática dos manifestantes, que ocupam as ruas determinando diretamente seus fluxos e usos. A cidade é usada como arma para sua própria retomada: sabendo que o bloqueio de um mero cruzamento compromete toda a circulação, a população lança contra si mesma o sistema de transporte caótico das metrópoles, que prioriza o transporte individual e as deixa à beira de um colapso. Nesse processo, as pessoas assumem coletivamente as rédeas da organização de seu próprio cotidiano. É assim, na ação direta da população sobre sua vida – e não a portas fechadas, nos conselhos municipais engenhosamente instituídos pelas prefeituras ou em qualquer uma das outras artimanhas institucionais –, que se dá a verdadeira gestão popular. Foi precisamente isso que aconteceu em São Paulo quando, em junho de 2013, o povo, tomando as ruas, trouxe para si a gestão da política tarifária do município e revogou o decreto do prefeito que aumentava a passagem em vinte centavos.

Não foi diferente do que ocorrera em Florianópolis na vitória que se sucedeu à luta de Salvador, e no ano seguinte, quando a cidade barrou o aumento mais uma vez. A mesma experiência, em que a população se apodera de forma parcial mas direta da organização do transporte – e, com ela, de uma dimensão fundamental da vida urbana – se repetiu nas revoltas de Vitória (2006), Teresina (2011), Aracaju e Natal (2012) e Porto Alegre e Goiânia (início de 2013). E se repete nas periferias sempre que pneus e ônibus queimados revertem o corte de linhas das quais dependem os moradores. É também esse o gesto cotidiano (limitado apenas pelo alcance das ações individuais) de quem não paga a tarifa – pulando a catraca, passando por baixo, entrando pela porta traseira ou descendo pela frente – e implementa assim, na prática, a tarifa zero. Em 2012, os usuários foram ainda mais longe, quando, revoltados com as panes nos trens, arrancaram as catracas, incendiaram a bilheteria e destruíram as câmeras de segurança da estação Francisco Morato da CPTM, viajando de graça até a conclusão dos reparos, no dia seguinte[7].

Tomando as ruas, as Jornadas de Junho de 2013 rasgaram toda e qualquer perspectiva técnica acerca das tarifas e da gestão dos transportes que procurasse restringir seu entendimento aos especialistas e sua "racionalidade", a serviço dos de cima. Ao reverter o aumento das passagens em mais de cem cidades do país, as pessoas deslocaram momentaneamente – e com impactos duradouros – o controle político da gestão do transporte. Forjou-se, no calor das barricadas, uma experiência de apoderamento que não se resume à ocupação física das cidades, mas estende-se à maneira como se organizam os transportes no país. É essa tomada de poder que assusta os gestores estatais e privados, que tentam agora reocupar o espaço que perderam para os trabalhadores urbanos.

As mobilizações sempre foram muito mais amplas que o Movimento Passe Livre – que jamais se pretendeu dono de qualquer uma delas – e eclodiram, por vezes, em cidades e regiões onde nunca houve atividades do movimento. As lutas por transporte no Brasil formam um todo muito maior do que o MPL. Contudo, a tomada direta e descentralizada das ruas, a radicalidade das ações e a centralidade dos aumentos tarifários dá a tônica dessas lutas. Após as Jornadas de Junho, milhares continuam nas ruas em diversas cidades, defendendo agora a implementação da tarifa zero.

A organização descentralizada da luta é um ensaio para uma outra organização do transporte, da cidade e de toda a sociedade. Vivenciou-se, nos mais variados cantos do país, a prática concreta da gestão popular. Em São Paulo, as manifestações que explodiram de norte a sul, leste a oeste, superaram qualquer possibilidade de controle, ao mesmo tempo que transformaram a cidade como um todo em um caldeirão de experiências sociais autônomas. A ação direta dos trabalhadores sobre o espaço urbano, o transporte, o cotidiano da cidade e de sua própria vida não

---

[7] Ronan, *Um avanço nas revoltas de trabalhadores humilhados pela CPTM*, disponível em: <passapalavra.info/2012/04/55756>. Acesso em 20 jul. 2013.

Cidades rebeldes

pode ser apenas uma meta distante a ser atingida, mas uma construção diária nas atividades e mobilizações, nos debates e discussões. O caminho se confunde com esse próprio caminhar, que não começou em Salvador, e não vai terminar em São Paulo.

Cronologia

2003 – Revolta do Buzu em Salvador (agosto-setembro).

2004 – Revolta da Catraca barra o aumento em Florianópolis (junho) e aprova lei do passe livre estudantil (26 de outubro); surge o Comitê do Passe Livre em São Paulo.

2005 – Plenária de fundação do MPL-Brasil no V Fórum Social Mundial em Porto Alegre (janeiro); luta contra o aumento em São Paulo (fevereiro); II Revolta da Catraca barra o aumento em Florianópolis (junho); mobilizações revogam o aumento em Vitória (julho).

2006 – Encontro Nacional do Movimento Passe Livre (junho); luta contra o aumento em São Paulo (novembro-dezembro).

2008 – Grande luta contra o aumento no Distrito Federal (outubro).

2009 – Aprovação do passe livre estudantil no Distrito Federal (julho); ocupação da Secretaria de Transportes em São Paulo (novembro).

2010 – Luta contra o aumento em São Paulo (janeiro).

2011 – Luta contra o aumento em São Paulo e em várias capitais (janeiro--março); mobilizações revogam aumento em Teresina (agosto).

2013 – Lutas na região metropolitana de São Paulo conquistam revogação do aumento no Taboão da Serra (janeiro); mobilização derruba aumento em Porto Alegre (abril); Jornadas de Junho conquistam revogação do aumento em mais de cem cidades.

É a questão urbana, estúpido!
Ermínia Maricato

Quem acompanha de perto a realidade das cidades brasileiras não estranhou as manifestações que impactaram o país em meados de junho de 2013[1]. Talvez a condição de jovens, predominantemente de classe média, que compunha a maioria dos manifestantes exija uma explicação um pouco mais elaborada, já que foi antecedida dos movimentos fortemente apoiados nas redes sociais. Mas no Brasil é impossível dissociar as principais razões, objetivas e subjetivas desses protestos, da condição das cidades. Essa mesma cidade que é ignorada por uma esquerda que não consegue ver ali a luta de classes e por uma direita que aposta tudo na especulação imobiliária e no assalto ao orçamento público. Para completar, falta apenas lembrar que há uma lógica entre legislação urbana, serviços públicos urbanos (terceirizados ou não), obras de infraestrutura e financiamento das campanhas eleitorais.

As cidades são o principal local onde se dá a reprodução da força de trabalho. Nem toda melhoria das condições de vida é acessível com melhores salários ou com melhor distribuição de renda. Boas condi-

---

[1] Ver artigos anteriores da autora que tratam do assunto em: <erminiamaricato.net>.

ções de vida dependem, frequentemente, de políticas públicas urbanas – transporte, moradia, saneamento, educação, saúde, lazer, iluminação pública, coleta de lixo, segurança. Ou seja, a cidade não fornece apenas o lugar, o suporte ou o chão para essa reprodução social. Suas características e até mesmo a forma como se realizam fazem a diferença.

Mas a cidade também não é apenas reprodução da força de trabalho. Ela é um produto ou, em outras palavras, também um grande negócio, especialmente para os capitais que embolsam, com sua produção e exploração, lucros, juros e rendas. Há uma disputa básica, como um pano de fundo, entre aqueles que querem dela melhores condições de vida e aqueles que visam apenas extrair ganhos.

A cidade constitui um grande patrimônio construído histórica e socialmente, mas sua apropriação é desigual e o nome do negócio é renda imobiliária ou localização, pois ela tem um preço devido aos seus atributos. Isso tem a ver também com a disputa pelos fundos públicos e sua distribuição (localização) no espaço[2].

A vida nas cidades brasileiras piorou muito a partir dos últimos anos da década passada. Considerando que a herança histórica já não era leve, o que aconteceu para torná-la pior?

Como integrantes de um país da periferia do capitalismo, em que pesem as novas nomenclaturas definidas pelo *mainstream*, as cidades brasileiras carregam uma herança pesada. A desigualdade social, uma das maiores da América Latina, e a escravidão vigente até pouco mais de um século atrás são características que se somam a um Estado patrimonialista e à universalização da "política do favor". De que forma essas características aparecem nas cidades? Como não é o caso de fazermos uma leitura extensa, pois este texto é apenas um ponto de partida, vamos priorizar o fato de que grande parte de nossas cidades é construída pelos próprios moradores em áreas invadidas – muitas delas ambientalmente frágeis – ou adquiridas de loteadores ilegais. Para a construção desses bairros não contribuem arquitetos ou engenheiros, tampouco há observância de legislação urbanística ou de quaisquer outras leis, até mesmo para a resolução dos (frequentes) conflitos, para a qual não contribuem advogados, cortes, juízes ou tribunais. Trata-se de uma força de trabalho

---

[2] Essas ideias, aqui toscamente rascunhadas, estão baseadas em bibliografia de autores que se ocuparam da leitura marxiana da questão urbana: Henri Lefebvre, David Harvey, Christian Topalov, Jean Lojkine, Alain Lipietz, Manuel Castells, Sergio Ferro e Nilton Vargas (estes dois últimos no Brasil), entre outros.

que não cabe no mercado residencial privado legal, que por sua vez (e por isso mesmo) é altamente especulativo. Trata-se, portanto, de uma força de trabalho barata, segregada e excluída da cidade legal. Assim como vivemos a industrialização dos baixos salários, podemos dizer que vivemos a urbanização dos baixos salários. A melhoria desses bairros é fonte inesgotável do velho clientelismo político: troca-se por votos a pavimentação de uma rua, a iluminação pública, uma unidade de saúde, uma linha de ônibus etc.

A cidade formal, destinada a ser simulacro de algumas imagens-retalhos do "Primeiro Mundo", é a outra face da moeda. Uma não existe sem a outra. Os exemplos virão quando tratarmos do momento atual.

Foi sobre essa base extremamente desigual que se deu, no início dos anos 1980, o ajuste fiscal. O Brasil vinha há quarenta anos num crescimento acima dos 7% ao ano. As migalhas desse banquete traziam algum conforto para a população migrante, que chegava aos milhares nas cidades, em especial nas principais metrópoles. Com a globalização e o ajuste fiscal, a tragédia urbana se aprofundou.

A contar a partir dos anos 1980, o impacto das décadas seguintes de baixo crescimento, alto desemprego e recuo das políticas públicas e sociais determinadas pelo receituário neoliberal pode ser medido por muitos indicadores, mas vamos fazê-lo aqui pelo aumento da violência urbana. A taxa de homicídios cresceu 259% no Brasil entre 1980 e 2010. Em 1980, a média de assassinatos no país era de 13,9 mortes para cada 100 mil habitantes. Em 2010, saltou para 49,9. A principal vítima dos homicídios é o jovem negro e pobre, morador da periferia metropolitana[3].

Com a globalização, o território brasileiro passa por notável transformação. Mudam as dinâmicas demográfica, urbana e ambiental, além de social e econômica. A exportação de *commodities* – grãos, carnes, celulose, etanol, minérios – ganha o centro da política econômica e sua produção reorienta os processos demográficos. A urbanização se interioriza. O *tsunami* dos capitais globais e nacionais passou antes pelo campo, subordinando o que encontrou pela frente: terras indígenas ou de quilombolas, florestas amplamente derrubadas, o Movimento dos Trabalhadores Rurais Sem Terra (MST), criminalizado, e lideranças, inclusive religiosas – que defendem comunidades locais e o meio ambiente, além de mudanças na legislação a

---

[3] Cf. Julio Jacobo Waiselfisz, "2012: a cor dos homicídios no Brasil", *Mapa da violência*, disponível em <http://mapadaviolencia.org.br>.

22 | Cidades rebeldes

respeito do uso de agrotóxicos[4], dos transgênicos, e da mudança do Código Florestal –, assassinadas.

Contraditoriamente, foi nesse período que floresceu uma nova política urbana, em torno da qual organizaram-se movimentos sociais, pesquisadores, arquitetos, urbanistas, advogados, engenheiros, assistentes sociais, parlamentares, prefeitos, ONGs etc. Construiu-se a Plataforma de Reforma Urbana, e muitas prefeituras de "novo tipo" (ou democrático-populares) implementaram novas práticas urbanas. Além de incluir a participação social – orçamento participativo, por exemplo – priorizou-se a urbanização da cidade ilegal ou informal, que era invisível até então para o urbanismo e as administrações públicas. Esse movimento logrou criar um novo quadro jurídico e institucional ligado às cidades – política fundiária, habitação, saneamento, mobilidade, resíduos sólidos – além de novas instituições, como o Ministério das Cidades (2003), o Conselho das Cidades (2004) e as Conferências Nacionais das Cidades (2003, 2005 e 2007). O Estatuto da Cidade, lei n. 10.257, festejado no mundo todo como exemplar, foi aprovado no Congresso Nacional após treze anos de luta popular, em 2001.

Por mais paradoxal que possa parecer, apesar de todo esse avanço institucional, quando o governo Lula retomou em 2009 os investimentos em habitação e saneamento numa escala significativa, após quase trinta anos de estagnação nesse sentido, as cidades se orientaram em uma direção desastrosa.

As primeiras medidas de combate à fome e à pobreza constituíram um círculo virtuoso de fortalecimento do mercado interno. Os principais programas sociais do governo Lula, continuados pelo de Dilma Rousseff foram o Bolsa Família, o Crédito Consignado, o Programa Universidade para Todos (ProUni), que oferece bolsas de estudo em universidades privadas trocadas por impostos, o Programa de Fortalecimento da Agricultura Familiar (Pronaf) e o Programa Luz para Todos. Garantiu-se também um aumento real do salário mínimo (de cerca 55%, entre 2003 e 2011, conforme o Dieese). Os classificados em "condição de pobreza" diminuíram sua representação de 37,2% para 7,2% nesse mesmo período. Além disso tudo, o crescimento tanto da economia quanto das taxas de emprego trouxe esperança de dias melhores[5].

---

[4] Atualmente, o Brasil é o maior consumidor de agrotóxicos do mundo e o segundo maior produtor mundial de produtos transgênicos.

[5] Marcio Pochmann, *Nova classe média? Trabalho na pirâmide social brasileira* (São Paulo, Boitempo, 2012).

Em 2007, o governo federal lançou o Programa de Aceleração do Crescimento (PAC), voltado ao investimento em obras de infraestrutura econômica e social. O modelo visava a desoneração fiscal de produtos industriais e alavancar o emprego na indústria da construção. Após a crise de 2008, essa orientação foi aprofundada. Em 2009, foram lançados o PAC II e o programa habitacional Minha Casa Minha Vida, desenhado por empresários da construção e do mercado imobiliário em parceria com o governo federal. Teve então início um *boom* imobiliário de enormes proporções nas grandes cidades. Enquanto em 2009 o PIB brasileiro e da construção civil foram negativos, contrariando a tendência anterior, em 2010 o PIB nacional foi de 7,5% e o da construção civil, 11,7%[6]. Em seis regiões metropolitanas, o desemprego, que atingia 12,8% em 2003, caiu para 5,8% em 2012. A taxa de desemprego da construção civil no período diminuiu de 9,8% para 2,7%[7]. O investimento de capitais privados no mercado residencial cresceu 45 vezes, passando de R$ 1,8 bilhão em 2002 para R$ 79,9 bilhões em 2011[8], e os subsídios governamentais (em escala inédita no país) cresceram de R$ 784.727 milhões para mais de R$ 5,3 bilhões em 2011[9].

O coração da agenda da reforma urbana, a reforma fundiária/imobiliária, foi esquecido. Os movimentos sociais ligados à causa se acomodaram no espaço institucional onde muitas das lideranças foram alocadas. Sem tradição de controle sobre o uso do solo, as prefeituras viram a multiplicação de torres e veículos privados como progresso e desenvolvimento. Uma certa classe média viu suas possibilidades de galgar à casa própria aumentarem, especialmente graças às medidas de financiamento estendido e institucionalização do seguro incluídos no Minha Casa Minha Vida.

Com exceção da oferta de emprego na indústria da construção, para a maioria sobrou o pior dos mundos. Em São Paulo o preço dos imóveis sofreu aumento de 153% entre 2009 e 2012. No Rio de Janeiro, o

---

[6] Cf. a página da internet da Câmara Brasileira da Indústria da Construção (CBIC), disponível em: <www.cbic.org.br/>. Acesso em 20 jul. 2013.

[7] Idem.

[8] Cf. as páginas na internet da Associação Brasileira das Entidades de Crédito Imobiliário e Poupança (Abecip) e do Banco Central do Brasil, disponíveis respectivamente em: <www.abecip.org.br> e <www.bcb.gov.br>. Acesso em 20 jul. 2013.

[9] Cf. Teotônio Costa Rezende, "O papel do financiamento imobiliário no desenvolvimento sustentável do mercado imobiliário brasileiro", palestra apresentada no Sindicato da Habitação (Secovi), São Paulo, 1º dez. 2012. Acesso em 20 jul. 2013.

24 | Cidades rebeldes

aumento foi de 184%. A terra urbana permaneceu refém dos interesses do capital imobiliário e, para tanto, as leis foram flexibilizadas ou modificadas, diante de urbanistas perplexos[10]. A disputa por terras entre o capital imobiliário e a força de trabalho na semiperiferia levou a fronteira da expansão urbana para ainda mais longe: os pobres foram expulsos para a periferia da periferia[11]. Novas áreas de proteção ambiental, como a Área de Proteção dos Mananciais em São Paulo, acabam sendo invadidas pelos sem alternativas, pois a política habitacional está longe do núcleo central do déficit[12]. Os despejos violentos foram retomados, mesmo contra qualquer leitura da nova legislação conquistada por um judiciário extremamente conservador[13]. Favelas bem localizadas na malha urbana sofrem incêndios, sobre os quais pesam suspeitas alimentadas por evidências constrangedoras[14].

Os megaeventos – como a Copa do Mundo e as Olimpíadas, entre outros – acrescentam ainda mais lenha nessa fogueira, como o texto de Carlos Vainer mostra neste livro. Os capitais se assanham na pilhagem dos fundos públicos, deixando inúmeros elefantes brancos para trás.

Mas é com a condição dos transportes que as cidades acabam cobrando a maior dose de sacrifícios por parte de seus moradores. E embora a piora de mobilidade seja geral – isto é, atinge a todos –, é das camadas de rendas mais baixas que ela vai cobrar o maior preço em imobilidade.

O tempo médio das viagens em São Paulo era de 2 horas e 42 minutos em 2007. Para um terço da população, esse tempo é de mais de três horas, ou seja, uma parte da vida se passa nos transportes, seja

---

[10] Ver Ana Fernandes, "Salvador, uma cidade perplexa", *Carta Maior*, 21 set. 2012, disponível em: <www.cartamaior.com.br/templates/materiaMostrar.cfm?materia_id=20934>; e Jurema Rugani, "Participação social, a Copa, a cidade: como ficamos?", *Carta Maior*, disponível em: <www.cartamaior.com.br/templates/materiaMostrar.cfm?materia_id=20771>. Acesso em 20 jul. 2013.

[11] Ver Leticia Sigolo, "Sentidos do desenvolvimento urbano: Estado e mercado no *boom* imobiliário do ABCD" (título provisório), doutorado em andamento na FAU-USP.

[12] Ver Luciana Ferrara, "Autoconstrução das redes de infraestrutura nos mananciais: transformação da natureza na luta pela cidade", tese de doutorado, FAU-USP, 2013.

[13] A respeito das remoções forçadas, ver o material de pesquisa coletado pelo grupo Observatório de Remoções, da FAU-USP, disponível em: <observatorioderemocoes.blogspot.com.br>. Ver ainda o blog de Raquel Rolnik, disponível em: <raquelrolnik.wordpress.com>. Acesso em 20 jul. 2013.

[14] Sobre incêndios em favelas, ver João F. Finazzi, "Não acredite em combustão espontânea", *Carta Maior*, 11 set. 2012, disponível em: <www.cartamaior.com.br/templates/materiaMostrar.cfm?materia_id=20863>. Acesso em 20 jul. 2013.

ele um carro de luxo ou num ônibus ou trem superlotado – o que é mais comum[15].

A desoneração dos automóveis somada à ruína do transporte coletivo fez dobrar o número de carros nas cidades. Em 2001, o número de automóveis em doze metrópoles brasileiras era de 11,5 milhões; em 2011, subiu para 20,5 milhões. Nesse mesmo período e nessas mesmas cidades, o número de motos passou de 4,5 milhões para 18,3 milhões. Os congestionamentos de tráfego em São Paulo, onde circulam diariamente 5,2 milhões de automóveis, chegam a atingir 295 quilômetros das vias. A velocidade média dos automóveis em São Paulo, medida entre às 17h e 20h em junho de 2012, foi de 7.6 km/h, ou seja, quase igual a da caminhada a pé. Durante o período da manhã, a velocidade média sobe para 20,6 km/h – ou seja, a mesma de uma bicicleta.

O governo brasileiro deixou de recolher impostos no valor de R$ 26 bilhões desde o final de 2008 (nesse mesmo período, foram criados 27.753 empregos), e US$ 14 bilhões (quase o mesmo montante dos subsídios) foram enviados ao exterior. Segundo especialista em mobilidade urbana, há mais subsídios para a circulação de automóveis (incluindo combustível e outros itens) do que para o transporte coletivo[16].

A prioridade ao transporte individual é complementada pelas obras de infraestrutura dedicadas à circulação de automóveis. Verdadeiros assaltos aos cofres públicos, os investimentos em obras de viadutos, pontes e túneis, além de ampliação de avenidas, não guardam qualquer ligação com a racionalidade da mobilidade urbana, mas com a expansão do mercado imobiliário, além, obviamente, do financiamento de campanhas.

O forte impacto da poluição do ar na saúde da população paulistana, com consequente diminuição da expectativa de vida, tem sido estudado pelo médico Paulo Saldiva, pesquisador da USP e do Instituto Saúde e Sustentabilidade. O comprometimento da saúde mental (depressão, ansiedade mórbida, comportamento compulsivo) tem sido estudado pela psiquiatra Laura Helena Andrade, também pesquisadora da USP. É da vida, do tempo perdido, mas também da morte que estamos tratando.

---

[15] Cf. Companhia do Metropolitano de São Paulo – Metrô, *Pesquisa origem e destino 2007*, disponível em: <www.metro.sp.gov.br/metro/numeros-pesquisa/pesquisa-origem-destino-2007.aspx>. Acesso em 20 jul. 2013.

[16] Ver Marcos Pimentel Bicalho, "O pesadelo da imobilidade urbana: até quando?", em *Carta Maior*, 4 jul. 2012, disponível em: <www.cartamaior.com.br/templates/materia Mostrar.cfm?materia_id=20523>. Acesso em 20 jul. 2013.

Concluindo: para fazer frente a esse quadro, aqui apenas resumido, temos no Brasil leis, planos, conhecimento técnico, experiência, propostas maduras e testadas nas áreas de transporte, saneamento, drenagem, resíduos sólidos, habitação... Mas, além disso tudo, o primeiro item necessário à política urbana hoje é a reforma política, em especial o financiamento de campanhas eleitorais. Então que viva a moçada que ganhou as ruas. Se fizermos um bom trabalho pedagógico, teremos uma nova geração com uma nova energia para lutar contra a barbárie.

#sobreontem, Bruno D'Angelo

A liberdade da cidade*
David Harvey

A cidade, tal como descrita pelo notável sociólogo urbano Robert Park, é:

> [...] a mais consistente e, no geral, a mais bem-sucedida tentativa do homem de refazer o mundo onde vive de acordo com o desejo de seu coração. Porém, se a cidade é o mundo que o homem criou, então é nesse mundo que de agora em diante ele está condenado a viver. Assim, indiretamente, e sem nenhuma ideia clara da natureza de sua tarefa, ao fazer a cidade, o homem refez a si mesmo.[1]

A cidade pode ser julgada e entendida apenas em relação àquilo que eu, você, nós e (para que não nos esqueçamos) "eles" desejamos. Se

---

* Tradução do inglês por Gavin Adams, originalmente publicado em *Urbânia*, São Paulo, Pressa, n. 3, 2008. O texto é uma edição de três artigos de mesmo nome com argumentos e tamanhos diferentes, realizada por Graziela Kunsch e aprovada pelo autor. David Harvey enviou esses textos diretamente para Graziela, após um encontro em São Paulo, em 2006, no qual discutiram as noções de produção do espaço e direito à cidade a partir de vídeos de ações do Movimento Passe Livre e de movimentos de moradia no Brasil. *Urbânia* é uma revista independente. Mais informações em: <www.urbania4.org>. (N. E.)

[1] Robert Park, *On Social Control and Collective Behavior* (Chicago, Chicago University Press, 1967), p. 3.

28 | Cidades rebeldes

a cidade não se encontra alinhada a esses direitos, então ela precisa ser mudada. O *direito à cidade* "não pode ser concebido como um simples direito de visita a ou um retorno às cidades tradicionais". Ao contrário, "ele pode apenas ser formulado como um renovado e transformado direito à vida urbana"[2]. A liberdade da cidade é, portanto, muito mais que um direito de acesso àquilo que já existe: é o direito de mudar a cidade mais de acordo com o desejo de nossos corações. Mas se Park está certo – ao refazer a cidade refazemos a nós mesmos –, então precisamos avaliar continuamente o que poderemos fazer de nós mesmos, assim como dos outros, no decorrer do processo urbano. Se descobrirmos que nossa vida se tornou muito estressante, alienante, simplesmente desconfortável ou sem motivação, então temos o direito de mudar de rumo e buscar refazê-la segundo outra imagem e através da construção de um tipo de cidade qualitativamente diferente. A questão do tipo de cidade que desejamos é inseparável da questão do tipo de pessoa que desejamos nos tornar. A liberdade de fazer e refazer a nós mesmos e as nossas cidades dessa maneira é, sustento, um dos mais preciosos de todos os direitos humanos.

Mas existem numerosas forças que militam contra o livre exercício de tais direitos, que querem inclusive impedir que reconheçamos, pensemos sobre ou ajamos em relação a eles. Para começar, o extraordinário ritmo e escala da urbanização ao longo dos últimos cem anos (que fez a população urbana crescer de menos de 10% até quase 50%) tornou difícil a reflexão sobre esse tema. O próprio ritmo das mudanças históricas e geográficas solapa nossa capacidade de conceber e, como coloca Park, até mesmo de "esclarecer" nossa tarefa. Temos, em resumo, sido refeitos muitas vezes sem sabermos como ou por quê. Será que isso contribuiu para a felicidade e para o bem-estar humano? Isso nos fez pessoas melhores ou nos deixou em um mundo de anomia e alienação, raiva e frustração?

Além do mais, vivemos, na maioria, em cidades divididas, fragmentadas e tendentes ao conflito. A maneira pela qual vemos nosso mundo e a maneira pela qual definimos suas possibilidades quase sempre estão associadas ao lado da cerca onde nos encontramos. A globalização e a guinada em direção ao neoliberalismo enfatizaram, ao invés de diminuir, as desigualdades sociais. O poder de classe foi restaurado às elites ricas[3]. Os resultados foram indelevelmente gravados nas formas espaciais

---

[2]   Henri Lefebvre, *Writing on Cities* (Oxford, Blackwell, 1996), p. 158.

[3]   David Harvey, *A Brief History of Neoliberalism* (Oxford, Oxford University Press, 2005) [ed. bras.: *O neoliberalismo: história e implicações*, São Paulo, Loyola, 2008].

David Harvey | 29

de nossas cidades, que cada vez mais tornam-se cidades "de fragmentos fortificados". A maioria dos relatos agora aponta para um desenvolvimento geológico desigual ao longo dos últimos trinta anos de reestruturação neoliberal, tanto internamente quanto entre as cidades. A cidade, particularmente no mundo em desenvolvimento:

> [...] está rachando em diversas partes separadas, com a aparente formação de "microestados". Os bairros ricos são atendidos por toda sorte de serviços, tais como escolas caras, campos de golfe, quadras de tênis e patrulhamento particular 24 horas por dia, que se emaranham entre ocupações ilegais, onde a água é disponível somente em fontes públicas, nenhum sistema sanitário existe, a eletricidade é privilégio de poucos, as ruas se tornam lama quando chove e o compartilhamento dos espaços domésticos é a norma. Cada fragmento parece viver e funcionar autonomamente, atendo-se com firmeza àquilo que foi possível agarrar na luta diária pela sobrevivência.[4]

As chamadas cidades "globais" do capitalismo avançado são divididas socialmente entre as elites financeiras e as grandes porções de trabalhadores de baixa renda, que por sua vez se fundem aos marginalizados e desempregados. Na cidade de Nova York, durante o *boom* da década de 1990, o salário médio de Manhattan subiu à substancial taxa de 12%, mas nos bairros vizinhos caiu de 2% a 4%. As cidades sempre foram lugares de desenvolvimentos geográficos desiguais (às vezes de um tipo totalmente benevolente e entusiasmante), mas as diferenças agora proliferam e se intensificam de maneiras negativas, até mesmo patológicas, que inevitavelmente semeiam tensão civil. A luta contemporânea de absorver o mais-valor durante a fase frenética de construção da cidade (basta observar o horizonte das cidades de Xangai, Mumbai, São Paulo, Cidade do México) contrasta dramaticamente com o desenvolvimento de um planeta onde favelas proliferam*.

Tais desenvolvimentos urbanos desiguais traçam o cenário para o conflito social. As cidades nunca foram, é verdade, lugares harmoniosos, sem confusão, conflito ou violência. Basta nos lembrarmos das histórias da Comuna de Paris de 1871, ou das revoltas de 1864 contra o alistamento, para vermos o quão longe chegamos. Mas, igualmente, basta pensar na

---

[4]   Marcello Balbo, citado em Mark R. Montgomery et. al. (org.), *Cities Transformed: Demographic Change and Its Implications in the Developing World* (Washington, The National Academies Press, 2003), p. 379.

*   Ver Mike Davis, *Planeta favela* (São Paulo, Boitempo, 2006). (N. E.)

30 | Cidades rebeldes

violência urbana que mais recentemente consumiu Belfast, que destruiu Beirute e Sarajevo, que fez Bombaim e Ahmedabad tremerem e transformou em ruínas a Palestina. Nem mesmo Los Angeles – a cidade dos anjos – foi poupada. Na história urbana, calma e civilidade são exceções, e não a regra. A única pergunta interessante é se os resultados são criativos ou destrutivos. Normalmente são ambos: a cidade tem sido por muito tempo um epicentro de criatividade destrutiva.

Fluxos migratórios em toda parte: elites empresariais em movimento; acadêmicos e consultores na estrada; diásporas tecendo (muitas vezes clandestinamente) redes através de fronteiras; ilegais e clandestinos; os despossuídos que dormem às margens e mendigam nas ruas, rodeados de grande afluência; as limpezas étnicas e religiosas; as estranhas misturas e confrontos improváveis – tudo isso é parte integral do turbilhão da cena urbana, tornando as questões de cidadania e dos direitos daí derivados cada vez mais difíceis de definir, no exato momento em que eles se tornam mais vitais de estabelecer frente às forças hostis de mercado e a progressiva vigilância estatal. Por um lado, tais diferenciações podem gerar novas e maravilhosas fusões, como as que vemos nas tradições musicais de Nova Orleans, Joanesburgo ou no East End londrino. Concluímos daí que o direito à diferença é um dos mais preciosos direitos dos citadinos. A cidade sempre foi um lugar de encontro, de diferença e de interação criativa, um lugar onde a desordem tem seus usos e visões, formas culturais e desejos individuais concorrentes se chocam[5].

Mas a diferença também pode resultar em intolerância e segregações, marginalidade e exclusão, quando não em fervorosos confrontos. Em todo lugar encontramos diferentes noções de direitos, tão reafirmados e buscados. Os combatentes da Comuna pensavam que era seu direito tomar Paris à burguesia em 1871 para reconstruí-la de acordo com o desejo de seu coração. Os monarquistas que vieram para matá-los pensavam que era seu direito tomar a cidade de volta em nome de Deus e da propriedade privada. Católicos e protestantes julgavam-se certos em Belfast ao procurarem limpar seu espaço de qualquer vestígio da existência do outro. Assim fez Shiv Sena em Bombaim (lugar que eles preferem chamar de Mumbai), quando lançou em 1993 uma violenta operação de limpeza contra os muçulmanos em nome do nacionalismo Maharastri. Não estariam todos exercitando da mesma forma seu direito à cidade?

---

[5] Jeremy Seabrook, *In the Cities of the South: Scenes from a Developing World* (Londres, Verso, 1996).

Se for assim, como Marx tão celebremente escreveu, entre direitos iguais quem decide é a força[6]. Então é a isso que o direito à cidade se resume? Mendigar de meu vizinho ou ser alvo da mendicância dele?

Então, o que eu e os outros devemos fazer se determinarmos que a cidade não se conforma aos nossos desejos? Se determinarmos, por exemplo, que não estamos nos refazendo de maneira sustentável, emancipatória ou mesmo "civilizada"? Como, em resumo, poderia o direito à cidade ser exercitado pela mudança da vida urbana? A resposta de Lefebvre é simples em essência: por meio da mobilização social e da luta política/social[7]. Mas qual visão eu ou os movimentos sociais construímos para nos guiar em nossa luta? De maneira a assegurar resultados positivos em vez de cair numa violência sem fim? Uma coisa é clara: não podemos deixar que o medo desta última nos acovarde e nos faça estagnar em uma passividade sem sentido. Evitar o conflito não é resposta: retornar a tal estado é se descolar do sentido do processo de urbanização e, assim, perder todo o prospecto de exercitar qualquer direito à cidade.

Existe um interessante paralelo entre o argumento de Park e as formulações de Marx. Podemos nos transformar apenas pela transformação do mundo e vice-versa, afirma Marx. Essa relação dialética está na raiz do significado do trabalho humano. Há um papel crucial aqui, diz Marx, para a imaginação e desejo. O que separa o pior dos arquitetos das melhores abelhas é que o arquiteto erige uma estrutura na imaginação antes de materializá-la no solo[8]. É a metáfora, mais do que a profissão do arquiteto, que deveria chamar nossa atenção. A implicação é que nós, individual e coletivamente, fazemos nossa cidade através de nossas ações diárias e de nossos engajamentos políticos, intelectuais e econômicos. Todos somos, de um jeito ou de outro, arquitetos de nossos futuros urbanos. O direito à mudança da cidade não é um direito abstrato, mas sim um direito inerente às nossas práticas diárias, quer estejamos cientes disso ou não. Esse é um ponto profundo, o pivô sobre o qual grande parte de meu argumento revolve.

Mas, ao contrário – e é aqui que a dialética retorna para nos assombrar –, a cidade nos faz sob circunstâncias urbanas que não escolhemos. Como poderia desejar um mundo alternativo possível, ou mesmo imaginar

---

[6]   Karl Marx, *O capital* (São Paulo, Boitempo, 2013), Livro I, p. 309.

[7]   Henri Lefebvre, *A revolução urbana* (Belo Horizonte, Editora UFMG, 1999).

[8]   Karl Marx, *O capital*, cit., Livro I, p. 255-6.

32 | Cidades rebeldes

seus contornos, seus enigmas e charmes, quando estou profundamente imerso na experiência que já existe? Como posso viver em Los Angeles sem me tornar um motorista de tal maneira frustrado que voto sempre pela construção de mais e mais super-rodovias? Ao abrir a porta da imaginação humana, Marx, ainda que tenha procurado negá-lo, cria um movimento utópico dentro do qual nossas imaginações podem vagar e pensar em possíveis alternativas de mundos urbanos. Poderíamos nos dar ao luxo de não sermos utópicos? Poderá a consideração de uma tradição utópica revelar um caminho visionário para informar nossas perspectivas de possibilidades e chamar os movimentos sociais para alguma alternativa e diferentes visões da cidade? Uma cidade sem super-rodovias, por exemplo?

O direito à cidade não pode ser concebido simplesmente como um direito individual. Ele demanda um esforço coletivo e a formação de direitos políticos coletivos ao redor de solidariedades sociais. No entanto, o neoliberalismo transformou as regras do jogo político. A governança substituiu o governo; os direitos e as liberdades têm prioridade sobre a democracia; a lei e as parcerias público-privadas, feitas sem transparência, substituíram as instituições democráticas; a anarquia do mercado e do empreendedorismo competitivo substituíram as capacidades deliberativas baseadas em solidariedades sociais. Culturas oposicionistas tiveram, portanto, de se adaptar a essas novas regras e encontrar novas maneiras de desafiar a hegemonia da ordem existente. Elas podem ter aprendido a inserir-se em estruturas de governança, por vezes com poderosos efeitos (tal como em numerosas questões ambientais). Recentemente, toda sorte de inovações e experimentações com formas coletivas de governança democrática e de decisão comunal têm emergido na cena urbana[9]. Falamos de experiências que vão desde o orçamento participativo de Porto Alegre e de muitos outros municípios que levaram a sério os ideais da Agenda 21 (de cidades sustentáveis formuladas nos acordos ambientais do Rio de Janeiro), passando por comitês de vizinhos e associações voluntárias que progressivamente se colocam a cargo de espaço públicos e comunitários, até as heterotópicas ilhas de diferença que excluem poderes corporativos (tais como o Walmart) e que constroem sistemas locais de troca econômica ou comunidades sustentáveis, o âmbito de experimentação é vasto. A descentralização do poder que o neoliberalismo demanda abriu espaços de toda a sorte para que florescessem uma variedade de iniciativas locais,

---

[9] Mark R. Montgomery et. al. (org.), *Cities Transformed*, cit., cap. 9; ver também Patsy Healey et. al., *Managing Cities: The New Urban Context* (Nova York, Wiley, 1995).

de maneira que são muito mais consistentes com uma imagem de socialismo descentralizado ou de um socialismo anarquista do que de um planejamento e controle centralizados e estritos. As inovações já existem lá fora. O problema é como reuni-las de maneira a construir uma alternativa viável ao neoliberalismo de mercado.

A criação de novos espaços urbanos comuns [*commons*], de uma esfera pública de participação democrática, exige desfazer a enorme onda privatizante que tem servido de mantra ao neoliberalismo destrutivo dos últimos anos. Temos de imaginar uma cidade mais inclusiva, mesmo se continuamente fracionada, baseada não apenas em uma ordenação diferente de direitos, mas em práticas político-econômicas. Direitos individualizados, tais como ser tratado com a dignidade devida a todo ser humano e as liberdades de expressão, são por demais preciosos para serem postos de lado, mas a estes devemos adicionar o direito de todos a adequadas chances de vida, direito ao suporte material elementar, à inclusão e à diferença. A tarefa, como sugeriu Polanyi, é expandir as esferas da liberdade e dos direitos além do confinamento estreito ao qual o neoliberalismo o reduz. O direito à cidade, como comecei a dizer, não é apenas um direto condicional de acesso àquilo que já existe, mas sim um direito ativo de fazer a cidade diferente, de formá-la mais de acordo com nossas necessidades coletivas (por assim dizer), definir uma maneira alternativa de simplesmente ser humano. Se nosso mundo urbano foi imaginado e feito, então ele pode ser reimaginado e refeito.

Mas é aqui que a concepção do direito à cidade toma novo viés. Foi nas ruas que os tchecos se libertaram em 1989 de opressivas formas de governança; foi na Praça da Paz Celestial que o movimento estudantil chinês buscou estabelecer uma definição alternativa de direitos; foi através de massivos comícios que a Guerra do Vietnã foi forçada a terminar; foi nas ruas que milhões protestaram contra o prospecto de uma intervenção imperialista norte-americana no Iraque em 15 de fevereiro de 2003; foi nas ruas de Seattle, Gênova, Melbourne, Quebec e Bangkok que os direitos inalienáveis à propriedade privada e da taxa de lucro foram desafiados. Se, afirma Mitchell,

> [...] o direito à cidade é um grito, uma demanda, então é um grito que é ouvido e uma demanda que tem força apenas na medida em que existe um espaço a partir do qual e dentro do qual esse grito e essa demanda são visíveis. No espaço público – nas esquinas ou nos parques, nas ruas durante as revoltas e comícios – as organizações políticas podem representar a si mesmas para uma população maior e, através dessa representação, imprimir

34 | Cidades rebeldes

alguma força a seus gritos e demandas. Ao reclamar o espaço em público, ao criar espaços públicos, os próprios grupos sociais tornam-se públicos.[10]

O direito inalienável à cidade repousa sobre a capacidade de forçar a abertura de modo que o caldeirão da vida urbana possa se tornar o lugar catalítico de onde novas concepções e configurações da vida urbana podem ser pensadas e da qual novas e menos danosas concepções de direitos possam ser construídas. O direito à cidade não é um presente. Ele tem de ser tomado pelo movimento político.

A luta pelo direito à cidade merece ser realizada. Deve ser considerada inalienável. A liberdade da cidade ainda precisa ser alcançada. A tarefa é difícil e pode tomar muitos anos de luta. Mas, como escreveu Bertolt Brecht:

> Muitas coisas são necessárias para mudar o mundo:
> Raiva e tenacidade. Ciência e indignação.
> A iniciativa rápida, a reflexão longa,
> A paciência fria e a infinita perseverança,
> A compreensão do caso particular e a compreensão do conjunto,
> Apenas as lições da realidade podem nos ensinar como transformar a realidade.[11]

---

[10] Don Mitchell, *The Right to the City* (Minneapolis, Minnesota University Press, 2003), p. 12.

[11] Retirado de Bertolt Brecht, "Erkentniss", citado em David Harvey, *Justice, Nature and the Geography of Difference* (Oxford, Blackwell, 1996), p. 439.

Quando a cidade vai às ruas[1]
Carlos Vainer

1. A fagulha e a pradaria

1.1. Governantes, políticos de todos os partidos, imprensa, cronistas políticos e até mesmo cientistas sociais foram pegos de surpresa pelas manifestações de massa que mudaram a face e o cotidiano de nossas cidades em junho. Pela rapidez com que se espraiaram, pelas multidões que mobilizam, pela diversidade de temas e problemas postos pelos manifestantes, elas evocam os grandes e raros momentos da história em que mudanças e rupturas que pareciam inimagináveis até a véspera se impõem à agenda política da sociedade e, em alguns casos, acabem transformando em possibilidade algumas mudanças sociais e políticas que pareciam inalcançáveis.

1.2. Também é surpreendente a maneira com que esses eventos extraordinários vêm desfazer, ao menos parcialmente, o paradoxo de uma sociedade urbana que, nos últimos dez a vinte anos, viu os movimentos sociais rurais dominarem as pautas dos movimentos populares. Se no pro-

---

[1] Título retirado de mesa-redonda da qual participei, promovida pela Instituto de Arquitetura da Pontifícia Universidade Católica do Rio de Janeiro (PUC-Rio).

36 | Cidades rebeldes

cesso de democratização dos anos 1980 os movimentos operários e urbanos pareciam traduzir politicamente as contradições da modernização acelerada pela qual havia passado nossa sociedade nos trinta anos anteriores, o período que se abriu nos anos 1990 apontou para uma espécie de "ruralização da luta social". O Movimento de Trabalhadores Rurais Sem Terra (MST), o Movimento de Atingidos por Barragens (MAB) e a resistência de populações tradicionais à destruição de seus meios e modo de vida ocuparam o proscênio da arena política popular.

1.3. Aqueles que acompanham ou estão engajados nas lutas urbanas sabem que, há muito tempo, multiplicavam-se, no tecido social, diferenciadas, dispersas e fragmentadas manifestações de protesto, insatisfação e resistência. Quantas reuniões, acadêmicas ou políticas, foram consagradas a analisar e/ou lamentar essa fragmentação? Há quanto tempo os militantes se veem às voltas com as dificuldades de fazer convergir reinvidicações microlocalizadas e experiências de luta com diferentes enfoques e bases sociais?

1.4. O que provocou essa unidade que tantos desejaram e outros tantos procuravam evitar? Em termos imediatos e conjunturais, a resposta provavelmente está na arrogância e na brutalidade dos detentores do poder. Seu autismo social e político, sua incapacidade de perceber a velha toupeira[2] que trabalhava no subsolo do tecido social, promoveu, em poucos dias, aquilo que militantes, organizações populares e setores do movimento social urbano vinham tentando há algum tempo: unificar descontentamentos, lutas, reivindicações, anseios. Não é a primeira vez que isso acontece na história. Aconteceu agora entre nós.

Uma fagulha pode incendiar uma pradaria, dizia Mao Tse-Tung[3]. Ora, qualquer esforço de análise que pretenda examinar os processos em curso desde uma perspectiva histórica deve dirigir seu olhar não para a fagulha que deflagra o incêndio, mas para as condições da pradaria, que, estas sim, explicam por que o fogo pode se propagar. A pradaria, como agora se sabe, estava seca, pronta para incendiar-se.

---

[2] "Nos sinais que alarmam a classe média, a aristocracia e os infelizes profetas da reação, reconhecemos nosso bom amigo Robin Hood, a velha toupeira que sabe trabalhar tão bem sob a terra para aparecer bruscamente: a revolução", Karl Marx, "Les révolutions de 1848 et le prolétariat: un discours de Marx à une fête de *The People's Paper*", 1856, disponível em: <www.marxists.org/francais/marx/works/1856/04/km18560414.htm>.

[3] Texto escrito em 1930 que integrou o famoso *Livro Vermelho*, a bíblia da primeira etapa da Revolução Cultural.

Essa pradaria são as nossas cidades. O que aconteceu nelas nos últimos anos que as preparou para tornar-se não apenas o cenário como também – e sobretudo – o objeto e o alvo das lutas de milhões?

2. A cidade neoliberal: empresa e mercadoria

2.1. Megaeventos, meganegócios, megaprotestos. Não há como não reconhecer a conexão estreita entre os protestos em curso e o contexto propiciado pelos intensos e maciços investimentos urbanos associados à Copa do Mundo de 2014 e, no caso do Rio de Janeiro, também aos Jogos Olímpicos de 2016. De um lado, a represssão brutal e a rapidez com que a mídia e governos tentaram amedrontrar e encurralar os movimentos deveu-se, ao menos em parte significativa, à preocupação em impedir que jovens irresponsáveis e "vândalos" manchassem a imagem do Brasil num momento em que os olhos do mundo estariam postos sobre o país, devido à Copa das Confederações. "Porrada neles." A grande mídia deu o tom, e o ministro da Justiça compareceu ao telejornal da principal rede de televisão para colocar a Força Nacional à disposição de governos estaduais e municipais.

Mais importante que a repressão, são as transformações que esses megaeventos imprimem em nossas cidades, assim como a própria concepção de cidade que eles expressam e atualizam de forma intensa.

2.2. A adoção das diretrizes e concepções neoliberais que reconfiguraram as relações entre capital, Estado e sociedade a partir da última década do século passado teve profundas repercussões a respeito do lugar e do papel da cidade no processo de acumulação. Sob a égide do consenso keynesiano, a cidade deveria ser regida por necessidades mais gerais de acumulação e circulação do capital, cabendo ao planejamento (modernista) a tarefa da racionalização e funcionalização espacial através de instrumentos que se generalizaram a partir da Segunda Guerra Mundial, colocando planos diretores e zoneamento em primeiro lugar.

Agora, sob a égide do Consenso de Washington, a cidade passa a ser investida como espaço direto e sem mediações da valorização e financeirização do capital. Concebidas enquanto empresas em concorrência umas com as outras pela atração de capitais (e eventos, é óbvio), as cidades e os territórios se oferecem no mercado global entregando a capitais cada vez mais móveis (*foot loose*) recursos públicos (subsídios, terras, isenções). A guerra fiscal é apenas uma das formas da urbanidade global, que empurra coalizões locais de poder a buscarem articula-

38 | Cidades rebeldes

ções em níveis nacional e internacional que assegurem a cada cidade – leia-se, aos capitais e capitalistas localizados – uma inserção, mesmo que subordinada, no mercado global.

2.3. O que caracteriza essa nova concepção neoliberal de cidade e de governo urbano? Em primeiro lugar, fiel à inspiração neoliberal, o novo modelo levará ao banco dos réus a pretensão estatista e dirigista do planejamento moderno e seus planos diretores, com sua ideia de estabelecer modos, ritmos e direções do crescimento urbano. Na cidade, como na sociedade de modo geral, a intervenção do Estado é vista como algo nefasto, que inibe o livre jogo das forças de mercado, que pelos cânones do liberalismo econômico asseguraria a alocação ótima dos recursos. *Mutatis mutandis*, trata-se de abandonar a pretensão compreensiva e dirigista dos planejadores racionalistas e submeter a intervenção do Estado às lógicas, dinâmicas e tendências de mercado. Trata-se, portanto, de adotar, seguindo a fórmula do Banco Mundial, o "planejamento amigável ao mercado" (*market-friendly planning*), ou o "planejamento orientado para/pelo mercado" (*market-oriented planning*).

3. A cidade de exceção e a democracia direta do capital

3.1. Descartemos o plano diretor e o zoneamento, por sua rigidez e constrangimentos ao mercado. No mundo globalizado, ensinam consultores internacionais, precisamos de competição entre cidades, de mecanismos ágeis e flexíveis que permitam aproveitar as "janelas de oportunidades" (*windows of opportunities*). Em vez de regulação, negociações caso a caso, projeto a projeto, na concretização do que o urbanista francês François Ascher nomeou com a feliz expressão de "urbanismo *ad hoc*"[4].

No caso brasileiro, essa concepção foi entronizada pelo Estatuto da Cidade (Lei 10.257, de 10 de julho de 2001, artigo 32), com o nome de "operação urbana consorciada", que permite a aprovação de projetos que contrariem a legislação urbana vigente.

3.2. Flexível, negocial, negociada, a cidade-negócio se atualiza, quase sempre, através de parcerias público-privadas, novas formas de relacio-

---

[4]   "O neourbanismo privilegia a negociação e o compromisso em detrimento da aplicação da regra majoritária, o contrato em detrimento da lei, a solução *ad hoc* em detrimento da norma", François Ascher, *Les nouveaux principes de l'urbanisme. La fin des villes n'est pas à l'ordre du jour* (Paris, Éditions de l'Aube, 2001), p. 84. Aqui em tradução livre.

namento entre Estado, capital privado e cidade. A contraface da cidade de exceção é uma espécie de "democracia direta do capital".

3.3. A cidade dos megaeventos precipita, intensifica, generaliza a cidade de exceção e a democracia direta do capital. A Fifa e o COI, verdadeiros cartéis internacionais associados a corporações nacionais e interesses locais, recebem do governo da cidade: isenções de impostos, monopólio dos espaços publicitários, monopólio de equipamentos esportivos resultantes de investimentos públicos. São neoliberais, mas adoram um monopólio.

A Lei Geral da Copa cria uma nova legislação, em violação aberta ao Estatuto do Torcedor. Os monopólios para a concessão de serviços em áreas da cidade ferem os direitos do consumidor. As remoções forçadas de 200 a 250 mil pessoas nas cidades anfitriãs da Copa violam o direito à moradia e à cidade. As populações mais pobres se veem confrontadas a uma gigantesca onda de limpeza étnica e social das áreas que recebem investimentos, equipamentos e projetos de mobilidade. Os indesejáveis são mandados para as periferias distantes, a duas, três ou quatro horas dos locais de trabalho, a custos monetários absurdos e condições de transporte precaríssimas.

A cidade neoliberal aprofundou e agudizou os conhecidos problemas que nossas cidades herdaram de quarenta anos de desenvolvimentismo excludente: favelização, informalidade, serviços precários ou inexistentes, desigualdades profundas, degradação ambiental, violência urbana, congestionamento e custos crescentes de um transporte público precário e espaços urbanos segregados. Nesse contexto, o surprendente não é a explosão, mas que ela tenha tardado tanto.

4. Resistência, organização e perspectivas

4.1. Desde 2005 estruturou-se no Rio de Janeiro o Fórum Social do Pan. Durante o Fórum Social Urbano, evento paralelo ao Fórum Urbano Mundial, promovido pela agência UN-Habitat, em 2010, começaram as articulações que iriam originar os Comitês Populares da Copa[5] e a Articulação Nacional dos Comitês Populares da Copa (Ancop).

Em 2011, a Ancop produziu o extenso e substancial dossiê *Megaeventos e violações de direitos humanos no Brasil*[6], entregue a autoridades

---

[5]　No caso do Rio de Janeiro, foi constituído o Comitê Popular da Copa e das Olimpíadas.

[6]　Disponível em: <www.portalpopulardacopa.org.br/index.php?option=com_k2&view= item&id=198:dossi%C3%AA-nacional-de-viola%C3%A7%C3%B5es-de-direitos-humanos>. Acesso em 20 jul. 2013.

municipais, estaduais e federais. Por toda parte, comunidades e bairros resistem às remoções e denunciam as violências.

4.2. Também são longas e consistentes as histórias e trajetórias do Movimento Passe Livre, do Movimento de Trabalhadores Sem Teto, da Central de Movimentos Populares, do Movimento Nacional de Luta pela Moradia e tantos outros movimentos, em tantas cidades. Embora muitas vezes encerrados em suas realidades particulares ou seduzidos pelas comissões oficiais que nada produzem a não ser fumaça e retórica, são eles que trabalham o tecido social de nossas cidades. Tão ou mais importante, a multiplicidade de grupos culturais, em que todas as tribos, através de mil e uma formas de expressão, mais ou menos transgressoras, se insurgem contra um sistema social e uma cidade que lhes negam lugar e passagem.

4.3. São esses movimentos e dinâmicas que vêm agora à tona. Trazem para nossas cidades e para a esfera pública o frescor do que ainda não foi contaminado pela ideologia do empreendorismo e do individualismo competitivo que pretendem a totalidade da vida social.

Desafiados pela cidade de exceção, pela cidade-empresa e pela democracia direta do capital, eles agora as desafiam. Querem outra cidade, outro espaço público. A convulsão social em que o país e suas cidades foram lançados abre extraordinárias possibilidades de interpelação e transformação. Mas nada ainda está decidido. O jogo está aberto. A história nos revisita, nos pisca o olho e nos lembra de que outra cidade é possível.

A rebelião, a cidade e a consciência
Mauro Luis Iasi

A cidade não é apenas a organização funcional do espaço, suas ruas e edificações, seus bairros, pessoas carregando sonhos, isoladas na multidão, em um deserto de prédios, que aboliu o horizonte e apagou as estrelas. A cidade é a expressão das relações sociais de produção capitalista, sua materialização política e espacial que está na base da produção e reprodução do capital[1].

A cidade é a forma reificada dessas relações, mas também do amadurecimento das contradições que lhes são próprias. É a unidade de contrários, não apenas pelas profundas desigualdades, mas pela dinâmica da ordem e da explosão. As contradições, na maioria das vezes, explodem, cotidianamente, invisíveis. Bairros e pessoas pobres, assaltos, lixo, doenças, engarrafamentos, drogas, violência, exploração, mercado de coisas e de corpos transformados em coisas. As contradições surgem como grafites que insistem em pintar de cores e beleza a cidade cinza e feia. Estão lá, pulsando, nas veias que correm sob a pele urbana.

As pessoas vivem as explosões cotidianas das contradições urbanas na forma de uma serialidade, isto é, presas em seus casulos individuais,

---

[1] Ver Friedrich Engels, *A situação da classe trabalhadora na Inglaterra* (São Paulo, Boitempo, 2008); Henri Lefebvre, *A cidade do capital* (São Paulo, DP&A/Lamparina, 1999).

42 | Cidades rebeldes

estão no mesmo lugar fazendo as mesmas coisas, mas não formam um grupo, e sim um coletivo serial no qual prevalece a indiferença mútua[2].

No âmbito da serialidade e do cotidiano, a consciência corresponde ao que Lukács denomina de consciência reificada – ou o senso comum para Gramsci[3]. Submetidos à sociabilidade do capital, interiorizamos as relações sociais na forma de uma representação que as toma como naturais e imutáveis[4]. Nossa consciência imediata assume uma forma particular da realidade como se fosse *a* realidade, que sempre foi e sempre será assim. Navegamos nas diferentes esferas que compõem a vida de forma fragmentária e superficial, e não como totalidade articulada[5].

O real aqui se apresenta como uma impossibilidade, nos termos freudianos "princípio de realidade", que deve condicionar a realização do desejo. Para o pai da psicanálise, não há civilização sem repressão. Será Reich quem irá nos lembrar que: "a definição do princípio da realidade como exigência da sociedade permanece formal se não se acrescentar concretamente que o princípio da realidade, sob a forma que reveste para nós atualmente, é o princípio da sociedade capitalista"[6].

A forma histórica da sociabilidade burguesa se apresenta como realidade à qual temos de nos submeter, reprimindo nossos impulsos. Submetidos à serialidade e à consciência reificada, acordamos de manhã, tomamos o ônibus e pagamos pelos bens e serviços utilizando o equivalente geral na forma monetária, do mesmo modo que o adquirimos vendendo nossa força de trabalho. O imediato não se apresenta à consciência como uma forma particular – a forma capitalista de produção e reprodução da vida –, mas como "a vida" em si. Quando nos chocamos com as contradições da vida e o desejo explode em nós, a ordem nos responde: "caiam na real". Ao tomar o ônibus e perceber que a passagem aumentou, o indivíduo serializado

---

[2]   Ver Jean-Paul Sartre, *Crítica de la razón dialéctica* (Buenos Aires, Losada, 1979). [Ed. bras. *Crítica da razão dialética*, São Paulo, DP&A, 2002.]

[3]   Ver György Lukács, *História e consciência de classe* (Porto, Escorpião, 1974); Antonio Gramsci, *Cadernos do cárcere* (Rio de Janeiro, Civilização Brasileira, 1999, v. I).

[4]   Ver Mauro Luis Iasi, *Ensaios sobre consciência e emancipação* (São Paulo, Expressão Popular, 2007).

[5]   A forma da consciência imediata sob as determinações do cotidiano está presa a três características: o particularismo, a superficialidade extensiva e a ultrageneralização. Ver György Lukács, "Prefácio", em Agnes Heller, *Sociologia de la vida cotidiana* (Barcelona, Península, 1977); Maria do Carmo B. Carvalho e José Paulo Netto, *Cotidiano: conhecimento e crítica* (10. ed., São Paulo, Cortez, 2012).

[6]   Wilhelm Reich, *Materialismo dialético e psicanálise* (Lisboa, Presença, 1977), p. 47.

pode reagir de duas formas: aceitar, porque "a vida é assim, fazer o quê?", ou reclamar, pois "a vida não deveria ser assim" – e pagar.

Na unidade de contrários que é a cidade, a ordem e a inquietação estão unidas por mediações que ligam os dois polos da contradição, operando tanto no sentido de controlar, reprimir ou neutralizar as contradições nos limites da ordem quanto no sentido de dar vazão à contradição que tenciona os limites da ordem estabelecida como real. Essas mediações agem por meio de diferentes mecanismos de defesa do ego que atua nos indivíduos e que se manifesta na fuga, na racionalização, na repressão do desejo, no deslocamento, na sublimação, na luta. O cotidiano é o campo dos mecanismos de adaptação, e a luta não é a regra.

As instituições da ordem dialogam com esses mecanismos do ego que, diante do real como impossibilidade, empurram o indivíduo para a adaptação. O preço da passagem subiu, a inflação corrói meu salário, mas o que podemos fazer? Racionalizo por meio de uma série de meios, buscando nos jornais e na televisão uma explicação; desloco minha raiva e, não podendo brigar com o "sistema", sem rosto visível, brigo com o primeiro que me provoca, ironizo com piadas, fujo da realidade pelas portas de escape disponíveis na TV a cabo, no primeiro templo que me chama à salvação, no *videogame*, nas substâncias lícitas ou não que me transportem para fora da realidade. Nessas mediações, portanto, os indivíduos vivem a revolta ou buscam a adaptação no interior da serialidade.

A principal mediação que age sobre a consciência reificada é a ideologia. E ideologia *não é só um conjunto de ideias*, mas, na concepção marxiana, *as relações sociais de produção concebidas como ideias*, a forma ideal das relações sociais que fazem de uma classe a classe dominante e que tem a função de garantir uma ordem que permita a reprodução dessas relações[7].

A ideologia opera na consciência imediata, soldando a impossibilidade das contradições da objetividade em uma subjetividade que oferece um caminho para a adequação da expressão ideal à realidade. Isso resulta na adequação da consciência ao real, a uma particular forma de expressão do real que é a sociabilidade do capital, que pela mediação ideológica encontra sua justificativa e se apresenta naturalizado e, portanto, inevitável. As relações sociais de produção e a dominação de classe, ao se constituírem enquanto ideologia, agem sobre tais relações, elaborando para a consciência imediata o real como real[8]. Adaptado ou revoltado, o

---

[7]   Ver Karl Marx e Friedrich Engels, *A ideologia alemã* (São Paulo, Boitempo, 2007).

[8]   Ver Slavoj Žižek, *Bem-vindo ao deserto do real!* (São Paulo, Boitempo, 2003).

44 | Cidades rebeldes

indivíduo serializado segue sua vida subsumido ao real. A ideologia é a forma da subjetividade que permite dar sentido a essa subordinação.

A outra mediação, a da luta, é mais complexa. Vivendo as contradições da forma capitalista, alguns de nós tentam agir negando parte ou o todo da ordem estabelecida. São os movimentos sociais, os sindicatos, os partidos de esquerda e outras formas de luta coletiva. Enfrentamos o ser serializado e sua consciência imediata e o chamamos para a luta, para a ação, mas, via de regra, os indivíduos serializados não vêm, dando a impressão de que são sempre uma minoria os que lutam.

Ao contrário do que alguns pensam, o problema não é somente uma questão de organização e comunicação. "Ah, se colocarmos as palavras certas que os desperte, se marcarmos em um horário e local mais adequado, se encontrarmos a forma de lhes falar diretamente, se eles nos escutassem", dizemos a nós mesmos *num misto de preocupação política e culpa cristã*. Aqui se localiza o atual culto fetichizado dos meios, segundo o qual a atual explosão de insatisfação popular ocorrida Brasil afora em junho de 2013 teria sido determinada pelo uso de novos meios convocativos, como as redes socais na internet.

Evidente que as dimensões da organização, da comunicação e dos meios adequados têm sua importância, mas o problema é de outra natureza. Trata-se de um diálogo entre dois segmentos da classe trabalhadora que estão em momentos diferentes do processo de consciência. Para tanto, o essencial é a mediação da política, e esta passa pelas dimensões da organização, da agitação e da propaganda, que *são determinadas*, por sua vez, pela dinâmica da luta de classes.

O que move a classe e seus setores internos de um momento para o outro do processo de consciência não é a propaganda de um setor esclarecido (com o desvelamento de nexos mais particulares ou universais da totalidade) sobre aqueles não esclarecidos, salvando-os das trevas, procedimento agora facilitado por meios digitais de divulgação. Este é um mito que herdamos da burguesia e sua fé na educação, agora apenas atualizado ao saltar da prensa de Gutenberg para os *ágeis* teclados de *smartphones*.

A passagem da serialidade para a explosão de massas que presenciamos no Brasil e em várias partes do mundo se dá na medida em que a impossibilidade se torna ela mesma impossível. Nas palavras de Sartre:

> Até aqui, de fato – na dimensão do coletivo –, o real se definia por sua impossibilidade. *Aquilo que chamam de sentido de realidade significa exatamente: sentido daquilo que, por princípio, está proibido.* A transformação tem, pois,

lugar quando a impossibilidade é ela mesma impossível, ou, se preferirem, quando um acontecimento sintético revela a impossibilidade de mudar como impossibilidade de viver. O que tem como efeito direto que a impossibilidade de mudar se volta como objeto que se tem de superar para continuar a vida.[9]

Nas atuais mobilizações brasileiras, tal movimento se apresentou de forma didática. Quando um movimento se articula para lutar contra o aumento das passagens, depara com a arrogante resposta da ordem: não é possível baixá-lo. Alegando uma planilha de custos impactada pela inflação, a *série do real se solda no discurso ideológico* da seguinte maneira: o sistema de transporte, custeado entre empresários, poder público e usuários, foi fundado num pacto de classes que espera oferecer serviços por meio de parcerias com o capital e que entregou a exploração do setor a empresas privadas. Essas empresas privadas financiam campanhas e depois cobram do poder público que mantenha as condições de sua lucratividade como condição para manter a oferta do serviço. Logo, as passagens têm de aumentar, é a vida, é o possível.

Os jovens do Movimento Passe Livre vão para as ruas. Fernando Haddad, prefeito de São Paulo e expressão municipal de uma governabilidade fundada num pacto de classes em nome do crescimento capitalista como condição prévia para enfrentar as demandas sociais, reafirma que não vai baixar o valor das passagens. O governador do estado, Geraldo Alckmin, coloca na rua o freio de segurança para quando as mediações cotidianas da ordem não funcionam: a tropa de choque da Polícia Militar.

É compreensível a surpresa das autoridades diante do efeito que sua atitude provocou. Em condições normais, o desfecho previsível seria alguns dias de manifestação, repressão, esvaziamento, volta à normalidade. A confiança na passividade imposta aos movimentos sociais era tão grande que a presidenta Dilma negociou para que o aumento das passagens não fosse lançado em janeiro, mas em junho, para tentar disfarçar a inflação que sai do controle. Olhando agora parece estranho trazer para a Copa das Confederações o aumento e sua consequente reação, mas os poderosos fielmente acreditavam que a população estaria ocupada torcendo pela seleção brasileira e não repararia naquele pequeno grupo de jovens protestando contra mais um aumento.

No entanto, a repressão aos jovens e a prepotência dos governantes funcionaram como catalisador das contradições que germinavam sob a

---

[9] Jean-Paul Sartre, *Crítica de la razón dialéctica*, cit., p. 14. Tradução minha

46 | Cidades rebeldes

aparência de que tudo corria bem em nosso país. Não era mais possível manter o real como impossibilidade sem ameaçar a continuidade da vida. A forma da explosão é compreensível. O caminho escolhido pelo ciclo do PT e sua estratégia desarmou a classe trabalhadora e sacrificou sua independência pela escolha de uma governabilidade de cúpula na qual a ação política organizada da classe jamais foi convocada. O resultado do governo de coalizão de classes promovido pelos governos petistas não foi o esperado, isto é, um acúmulo de forças que diante da impossibilidade de uma alternativa socialista, deveria gerar uma democratização que prepararia terreno para futuros avanços. O acordo com a burguesia na cúpula produziu na base social uma reversão na consciência de classe e uma inflexão conservadora no senso comum.

Quando as contradições explodiram na fusão propiciada pelo rompimento do campo prático inerte, elas se expressaram numa multifacetada manifestação de elementos de bom senso contra a ordem ao lado de reapresentações de conteúdos conservadores e mesmo preocupantes do senso comum – como o nacionalismo exacerbado, o antipartidarismo, a retomada da extrema direita. É essa expressão que permite que o "partido da pena" (da tela, para atualizar a expressão de Marx), ao lado dos meios de comunicação, tente pautar o movimento e dirigi-lo de volta aos limites da ordem, tais como o combate à corrupção e outros.

A vida que pulsava transbordou, e o dique da ideologia não foi capaz de contê-la. Todo movimento da objetividade que rompe as formas antigas traz duas possibilidades: instituir novas formas ou reapresentar as velhas em nova roupagem. Os patéticos pactos propostos pela presidenta Dilma são uma enfática afirmação que tudo deve continuar como estava[10], e o desejo deve se submeter ao real e ao possível. Nas ruas o desejo transborda, gritando a impossibilidade de manter a impossibilidade do real, grafitando de vida as paredes cinza da ordem moribunda. Devemos apostar na rebelião do desejo. Aqueles que se apegarem às velhas formas serão enterrados com elas.

---

[10] Ver, a respeito, meus artigos "Não ao pacto: avançar para um programa anticapitalista e o poder popular", no *Blog da Espaço Acadêmico*, 29 jun. 2013, e "Pode ser a gota d'água: enfrentar a direita avançando a luta socialista", no *Blog da Boitempo*, 26 jun. 2013.

Estrada de metal pesado*
Mike Davis

Qual seria o equivalente moral do tráfego – ou seria o inverso? Peço desculpas se minhas categorias estão um pouco confusas, mas vivo no sul da Califórnia, que é "um paraíso para se viver e ver, mas só se você tiver um utilitário", para citar Woody Guthrie mal e porcamente. Meu traslado diário, que se estende por terríveis noventa milhas em cada direção, se parece cada vez mais com a célebre batalha de tanques de El-Alamein. O que um escritor chamou na década de 1920 de "o *tour de force* hedonista sul-californiano" é agora uma guerra sem misericórdia, em que 18 milhões de pessoas em 14 milhões de veículos enfrentam os maiores congestionamentos do país. Toda manhã eu me acomodo em meu blindado pessoal – uma mal-encarada picape Toyota Tundra, com motor V-8 e tração nas quatro rodas – e me arrasto por uma das pistas da interestadual 5. Durante uma hora e meia, brigo com meus concidadãos – sem ceder ou sequer pedir espaço – por um *Lebensraum*** da rodovia.

---

* Originalmente publicado em Mike Davis, *Apologia dos bárbaros* (trad. Francisco Raul Cornejo, São Paulo, Boitempo, 2008), a partir de um artigo em *Il Manifesto*, 2003. (N. E.)

** Em alemão, "espaço vital", território reivindicado por um país para satisfazer sua expansão demográfica e suas necessidades econômicas. Os nazistas empregaram o termo para justificar sua expansão territorial. (N. T.)

Divisões Panzer* de "veículos esporte utilitários" – imaginem uma antiquada perua familiar que tenha se viciado em esteroides e metanfetaminas – agora dominam as estradas. A *pole position* numa dessas rodovias do sul da Califórnia sempre foi perturbadora, mas agora, sob o domínio do metal pesado, ela é especialmente assustadora. A estratégia básica da guerra rodoviária nos horários de pico é aterrorizar o carro da frente. Isso é muito fácil de conseguir quando se tem uma enorme carcaça de metal para combate, como um Chevrolet Suburban ou um Ford Explorer, enquanto o coitado da frente rasteja num patético Corolla ou num Ford Escort.

O ideal é pegá-lo de surpresa. O procedimento padrão consiste em parar sorrateiramente a milímetros do para-choque traseiro do outro. É de péssimo tom (ou pior, é um hábito nova-iorquino) buzinar. O melhor é esperar que ele, pelo retrovisor, note de súbito sua presença ameaçadora. A aterrorizada mudança de pista é sinal de deferência social. Na maioria das vezes, no entanto, um utilitário simplesmente bate em outro. Nesse caso, os privilégios de classe se anulam mutuamente e não há alternativa senão esperar que os nervos do outro cedam e ele saia do caminho. Como na guerra, e em outros esportes sangrentos, a frieza em situações de pressão é a virtude suprema. Quem se atreveria a não admirar a valente dona de casa da região oeste que bebe calmamente seu *cappuccino* e conversa ao celular enquanto atira de modo temerário seu monstruoso Dodge contra o confuso tráfego à sua frente?

É verdade que cardíacos em convalescença, imigrantes pobres em latas velhas, mães medrosas com bebês a bordo e discípulos de Gandhi em geral se esgueiram pela faixa da direita. Mas esse é um subterfúgio um tanto tolo, porque é se colocar diretamente no caminho dos muitos utilitários que acessam a via expressa à velocidade da luz ou acabar entre caminhões de onze metros que podem esmagar qualquer um como se fosse uma latinha de alumínio. Inevitavelmente, a hegemonia dos utilitários no trânsito dita a postura de rearmamento defensivo e a lógica de desencorajamento mútuo. Ainda que em teoria eu, na qualidade de defensor radical do meio ambiente, prefira dirigir um automóvel elétrico e ecologicamente correto – ou, melhor ainda, uma bicicleta – para ir trabalhar sob o quente sol da Califórnia, não vejo nenhuma outra escolha realista a não ser me proteger numa picape que faria delirar muitos membros de gangue.

---

* Denominação das divisões de blindados do exército alemão durante a Segunda Guerra Mundial. (N. T.)

Contudo, precisamos ensinar às nossas crianças que, mesmo no sul da Califórnia, o tráfego nem sempre foi tão sanguinário. Houve uma época, mais ou menos entre os rabos-de-peixe e os utilitários, e ainda como consequência da crise energética de 1973, em que os destemidos, econômicos e pequeninos carros compactos, fabricados por engenhosos elfos japoneses, dominaram as estradas. Foi a Terra Média da combustão interna. Por que ela desapareceu tão abruptamente na década de 1990?

Estou certo de que a resposta se encontra no perfeito cruzamento patológico entre os utilitários e o medo da classe média, no começo da década. Certamente não foi por acaso que a nova geração de tanques de Detroit surgiu no momento em que os "sequestros relâmpagos" e os tiroteios nas autoestradas dominavam os noticiários do horário nobre. Ou quando a burguesia começou se refugiar aos milhares em subúrbios fortificados e vigiados por exércitos particulares de seguranças. De modo análogo, a classe média viu o utilitário como um casulo de metal que oferecia proteção nas terras indômitas das vias expressas. Rapidamente, essas enormes carcaças de aço japonesas e coreanas se tornaram símbolos másculos do novo republicanismo, ao melhor estilo "vou invadir seu país e matar sua mamãe". Os ataques de 11 de setembro lançaram a moda das bandeirolas como acessório automotivo, dando aos Suburban e aos Explorer – embandeirados de listras e estrelas – um brio patriótico comparável ao da 7ª Cavalaria ao investir contra um vilarejo sioux.

Por fim, os utilitários são moradias temporárias de luxo, concebidas para suportar o inferno do deslocamento. O tráfego do sul da Califórnia ainda é um dos piores dos Estados Unidos (embora os de Washington e Seattle não fiquem muito atrás), em que motoristas de subúrbios adjacentes sacrificam ao demônio do engarrafamento o equivalente a duas semanas extras de trabalho por ano (75 horas). Em termos econômicos, o custo anual estimado do deslocamento diário na região de Los Angeles é de quase 9 bilhões de dólares, ou seja, 1.688 dólares por pessoa. Além disso, a quantidade de veículos está aumentando muito mais rápido que a população, e as novas autoestradas chegam ao seu limite em apenas quatro anos. Um estudo recente mostrou que a área metropolitana de Los Angeles é a mais difícil para escapadas de fim de semana: trata-se da confirmação científica da raivosa claustrofobia que está substituindo a outrora alardeada cultura regional de mobilidade física e longos passeios de carro nos fins de semana. Em uma recente e respeitável pesquisa de opinião realizada no sul da Califórnia, o tráfego figura muito à frente da

50 | Cidades rebeldes

oferta de trabalho, da criminalidade, da educação e da habitação como um dos principais problemas da região.

Programas de rádio e blogs da direita local são privadas entupidas de histeria nativista que culpam os imigrantes ilegais pelos engarrafamentos. Mas o verdadeiro motor dos congestionamentos é a expansão e inflação imobiliária, não a demografia. Em sua incessante busca por moradias mais baratas e distantes dos epicentros da violência urbana, milhões de famílias se mudaram para os limites do deserto ou além. Já que os empregos, em sua maioria, não seguiram atrás, a etiqueta do sonho sul-californiano agora exibe uma viagem de três horas por dia de ida e volta entre os lares no interior e os escritórios na costa. Ao mesmo tempo, a estrutura de transportes da Califórnia – que já foi uma das maravilhas do mundo – agora está muito atrás dos padrões do resto do mundo industrial avançado. Desde as revoltas tributárias do fim da década de 1970, as rodovias do estado estão tão esburacadas e pouco confiáveis quanto as escolas da região central estão ruindo e as redes de energia estão caducando. Apesar de vinte anos de avisos apocalípticos, o abismo entre a riqueza concentrada no estado e o preço da moradia na costa, de um lado, e as despesas com infraestrutura física e social, de outro, continua crescendo.

A incapacidade do sistema político local para deter a violência, controlar a expansão imobiliária ou investir em transportes coletivos eficientes assegura que o vasto estacionamento em que se transformou a malha viária do sul da Califórnia fique ainda mais lotado na próxima geração. As atuais sete horas diárias de imobilidade nos horários de pico poderão chegar a vinte horas, assim como a velocidade média nas estradas poderá cair para a velocidade das carroças. De fato, os estrategistas regionais temem que o aumento previsto de 30% no volume de tráfego vá estrangular, literalmente, a décima segunda economia do mundo. Até que os transportes coletivos futuros consigam resolver alguma coisa, o sul da Califórnia estima perder miríades de postos de trabalho e de moradores de classe média para áreas metropolitanas com menos congestionamentos, rotas de traslado mais curtas e melhor qualidade de vida.

Entrementes, os utilitários dão compensações mágicas de poder e de conforto, mesmo que temporárias. Na triste democracia dos engarrafamentos, eles parecem conferir *noblesse oblige* ou, no mínimo, uma habilidade insolente de se apoderar da faixa da esquerda. (Contudo, os motoristas tendem a ignorar o fato de que o tamanho e a altura do centro de gravidade desses veículos, que os tornam tão intimidadores para os carros pequenos, também os tornam letalmente instáveis e propensos a capotagens violentas.)

Essa tendência irresistível aponta para uma militarização das rodovias conduzida pelos utilitários, em sincronia com uma militarização e uma imobilização mais amplas do espaço urbano. O símbolo mais gritante disso é a propaganda que se tem feito ao redor do Humvee, um verdadeiro veículo de guerra do Exército, como a última palavra em termos de transporte familiar. O Hummer, uma versão civil ligeiramente modificada, é um tiranossauro rex em ascensão nas estradas, e seu garoto-propaganda, além de maior entusiasta, é o ator Arnold Schwarzenegger, cujos Hummers personalizados (ele tem quatro) há muito são atração turística em Santa Mônica. Estrela ascendente no Partido Republicano, Schwarzenegger também é visto como um dos principais concorrentes ao governo da Califórnia – um cenário temido pelos ativistas ambientais. Com o próprio Exterminador no poder e milhões de barris de petróleo do Iraque "livre" circulando no mercado, a era do utilitário pode não ter fim.

Pouco depois de sua eleição em 2003, Schwarzenegger recompensou os donos de utilitários e as revendedoras (alguns de seus mais relevantes colaboradores de campanha), vetando as taxas de licenciamento que haviam acabado de ser propostas. O rombo de quatro milhões de dólares resultante no orçamento estadual foi compensado com o corte de serviços essenciais aos pobres. Diante do aumento de preço dos combustíveis, vendi minha picape de gângster e comprei um utilitário menor (e um pouco mais ecologicamente correto); contudo depois que a megafauna yuppie me empurrou de um lado para o outro na rodovia I-5, decidi voltar o quanto antes à blindagem pesada (de preferência equipada com metralhadoras duplas calibre 50). Saia do caminho ou morra.

São Paulo, 6 de junho de 2013.

São Paulo, 11 de junho de 2013.

#sobreontem. Rafael Grampá

Será que formulamos mal a pergunta?
Silvia Viana

Baderna

Naquela quinta-feira, dia 13 de junho de 2013, o Movimento Passe Livre (MPL) já estava em sua quarta batalha contra o recente aumento das tarifas de transporte urbano em São Paulo quando foi sentido um deslocamento sísmico.

O apresentador do "jornal" televisivo *Brasil Urgente*, José Luiz Datena, esbravejava e gesticulava em pé, e tinha a seu lado um quadro, no qual eram transmitidas as imagens-objeto de seus comentários. Seguíamos o *script* da indignação automática contra o que era mostrado na telinha: do negro algemado, cabisbaixo, à mãe pobre que abandonara seu bebê no lixo, passando, de vez em quando, pelo estudante que insistia em frear nosso direito de ir e vir. Seguíamos o *script*: "Baderna, me inclua fora dessa [...] protesto tem de ser pacífico, não pode ter depredação, não pode impedir via pública". Rezava o *script* que manifestação só é legítima quando não atrapalha, do contrário é violência. E a lógica da ordem parecia tão impecável que já se debatia seriamente a possibilidade de trancafiar quaisquer formas de ato público no sambódromo da cidade. Daí o conselho tático do apresentador, que exclui do possível qualquer estratégia: "Isso joga esses caras contra a população, porque tem muita gente já revoltada contra essas pessoas que estão fazendo esse tipo de protesto violento". Para reafirmar o que todos temem, e devem continuar temendo, o programa elaborou a nova enquete de sempre: "Então eu vou fazer uma pergunta em cima disso aqui. Deixa eu ver a pergunta que fizeram aí: 'você é a favor desse tipo de protesto?'". Alguma coisa saiu do lugar quando os números apareceram de cabeça para baixo: "Até agora... a maioria... eu não sei se os caras entenderam bem... mas a maioria tá achando que esse protesto de quebrar tudo é legal...". O riso irônico que então despontava foi prontamente recolhido: "Quer dizer... a opinião do povo prevalece, eu não quero aqui... eu dou minha opinião, eu não sou a favor de quebra-quebra, protesto, porque eu acho que é vandalismo, acho que é vandalismo". Seguiu-se a necessidade de retomar o que fora perdido mediante a autoridade de quem porta o microfone: "Esse tipo de protesto com baderna, eu sou contra, eu votaria no não, *eu* votaria no *não!*". Contudo, "a voz do povo é a voz de Deus", e esse seguia sua recusa. Contra o sobrenatural, cabia ainda um último recurso: a correção científica. Para que hipótese e resultado permanecessem o mesmo, a pesquisa carecia de precisão conceitual: "Será que nós formulamos mal a pergunta? 'Você é a favor de protesto *com baderna*?' Eu acho que essa seria a pergunta. [...] Faça a pergunta do jeito que eu pedi, por favor, [...] porque aí fica claro, que senão o cara não entende".

E então, o "povão" ou, mais precisamente, aquela audiência específica, habituada a temer fantasmas de Vândalos e Bandidos, se mostrou teimosa na resposta que, a essa altura, só poderia ser lida como uma reação irracional: "Já deu pra sentir: o povo tá tão pê da vida [...] que apoia qualquer tipo de protesto [...]. Fiz duas pesquisas, achei até que uma palavra poderia simplesmente não estar sendo entendida. A palavra 'protesto' poderia englobar um protesto com baderna ou sem baderna, mas as duas pesquisas deram praticamente a mesma proporção, o mesmo resultado. As pessoas estão apoiando o protesto porque não querem o aumento de passagem. Então pode tirar daqui". Com um gesto de mão, Datena empurrou para o lado o quadro virtual que exibia o resultado da enquete.

Entre as duas perguntas não houve uma mudança de perspectiva, apenas um esclarecimento. Cabia deixar evidente ao Deus-telespectador, já a ponto de ser chamado de idiota, o que exatamente se queria dizer com a palavra, talvez demasiado tímida, "tipo". O erro, para Datena, não estava na pesquisa, mas em sua deturpação, gerada pelas próprias imagens que então eram transmitidas a seu lado: "Porque o cara que liga, tá vendo lá tudo calmo, tranquilo... pode achar até que a pergunta é essa"[1]. Os manifestantes ainda não haviam chegado à rua da Consolação, onde uma tropa espetacular os aguardava para, como nos atos anteriores, demonstrar, ao vivo, de que matéria é feito nosso estado de direito. O equívoco não estava lá nem cá: os espectadores sabiam muito bem do que se tratava; e a pesquisa não mentira ao diferenciar as "manifestações pacíficas" dessa que então estava sendo transmitida. O erro estava nas ruas.

Pacíficos

Não seria correto afirmar que as Jornadas de Junho colocaram, pela primeira vez na história recente deste país, os jovens nas ruas. Em outubro de 2012, aproximadamente 10 mil pessoas tomaram a praça Roosevelt, no centro da capital, para o ato "Existe amor em São Paulo". O evento foi uma espécie de síntese da forma pela qual a cidade vinha sendo reivindicada por coletivos ligados à produção cultural, e foi por eles organizado. A bandeira que os unia, e era levantada nas ruas, quase cotidianamente, aos fins de semana, era a própria ocupação do espaço público[2]. Todas elas foram, de fato, manifestações pacíficas, não por terem como foco "mais amor, mais respeito e mais solidariedade"[3], mas por serem "protestos desengajados, [...] quando protestar se tornou uma questão estritamente pessoal, e o ativismo, a rigor, um estilo de vida"[4]. Nesse caso, o desengajamento se fez visível no posicionamento "político" do grande ato/festival de música: a "rede" era contra o voto em um dos então candidatos à prefeitura de São Paulo, mas não se posicionara a favor de nenhum outro. Isso porque recusava os programas políticos

---

[1]   O vídeo editado está disponível em: <http://youtu.be/7cxOK7SOI2k>. Acesso em 28 jun. 2013.

[2]   De acordo com um dos participantes: "Os jovens estão cada vez mais presentes nas ruas. Hoje, temos grandes movimentos coletivos que contribuem para fortalecer a integração. Quando as pessoas ocupam os espaços, conseguem transformá-los e acabam se tornando protagonistas". Ver Bruna Bessi, "Manifestações culturais espontâneas transformam a cidade de São Paulo", *IG São Paulo*, 19 maio 2012, disponível em: <delas.ig.com. br/casa/arquitetura/2013-05-19/manifestacoes-culturais-espontaneas-transformam-a-cidade-de-sao-paulo.html>. Acesso em 20 jul. 2013.

[3]   Existe Amor em SP, "Manifesto e declaração de amor à Cidade de São Paulo!", disponível em: <www.facebook.com/ExisteAmorEmSp?fref=ts>. Acesso em 1º jul. 2013.

[4]   Ver Paulo Arantes, em entrevista cedida a Ivan Marsiglia, "O futuro que passou", *O Estado de S. Paulo*, 22 jun. 2013, disponível em: <www.estadao.com.br/noticias/ suplementos,o-futuro-que-passou-,1045705,0.htm>. Acesso em 20 jul. 2013.

56 | Cidades rebeldes

então apresentados pelos partidos, apesar de ser favorável às eleições[5]. Em termos datenianos: "me inclua fora dessa".

Graças à invenção do protesto sem protesto, foi bastante fácil para a mídia recriar por completo seu discurso a partir do dia 13, quando o apoio popular já deixara claro que o bloqueio à política – não o da polícia – havia, de algum modo, sido rompido. A reconstrução da narrativa reconduzia precisamente ao ponto em que as mobilizações em torno do nada haviam encontrado sua terapêutica: a subsunção dos fins aos meios[6]. Em mobilizações pacíficas, importa ocupar o espaço público, difundir as ideias, ampliar o debate, unir as pessoas, participar... Não que a finalidade sem fim tenha sido abandonada sem mais; pelo contrário, as empresas de mídia não teriam tanta tranquilidade em pular da vociferação aos aplausos caso não pudessem apontar seus microfones, nos diversos atos que se seguiram, para o sorriso juvenil de quem protesta por tudo e não arrisca nada. A indignação automática também ocupou as avenidas nos dias que se seguiram: em meio a bandeiras nacionais e à negação do próprio sentido do protesto ("Abaixo a corrupção", "Não são só 20 centavos", "Queremos um Brasil melhor"...), bastou que a câmera focalizasse os gritos pela paz para que se retomasse as rédeas imagéticas dos acontecimentos. Mas não mais em sua totalidade.

A separação anterior entre pacíficos e baderneiros servia à reposição da ordem, segundo a qual nada justifica o entrave à sobrevida cotidiana que nos arrasta do escritório para casa e de volta. As manifestações pacíficas eram exibidas e celebradas porque deixavam São Paulo trabalhar. Mais que isso, ao produzirem a aparência de dissenso, simultaneamente contribuíam com a diversificação das mercadorias culturais e dos nichos de consumo[7] – ainda que eventualmente causassem transtornos, tais como

---

[5] Do mesmo modo, o movimento se posiciona contra a polícia e a favor do combate ao crime, contra a mercantilização da cultura e a favor da ampliação de seu consumo: "Falamos do amor concreto. O amor cuja existência depende da dignidade humana. Falamos do direito [...] de poder criar seus filhos, sem que eles sejam mortos pela polícia ou pelo crime. De poder consumir e produzir cultura livremente, sem o domínio financeiro completo sobre nossas vidas", Existe Amor em SP, "Manifesto e declaração de amor à Cidade de São Paulo!", cit.

[6] A respeito da reformulação discursiva da mídia televisiva, ver: Silvia Viana, "Técnicas para a fabricação de um novo engodo, quando o antigo pifa", *Blog da Boitempo*, 21 jun. 2013, disponível em: <blogdaboitempo.com.br/2013/06/21/tecnicas-para-a-fabricacao-de-um-novo-engodo-quando-o-antigo-pifa/>. Acesso em 20 jul. 2013.

[7] Para a crítica da economia política dos movimentos de tipo "Existe Amor em SP", ver Passa Palavra, "Existe consenso em SP? Reflexões sobre a questão da cultura", *Passa Palavra*, 18 fev. 2013, disponível em: <passapalavra.info/2013/02/72682>. Acesso em 20 jul. 2013.

o som alto em pleno domingo de descanso. A baderna, por outro lado, não passava de fantasia preventiva que, ao mesmo tempo, justificava a prontidão securitária contra, por exemplo, os skatistas do centro da cidade, que "depredam o patrimônio público"[8].

O movimento de junho empurrou a classificação midiática, cujo sentido era a recusa de qualquer recusa, a seu ponto de verdade. Por isso, a tela que nos apresenta as manifestações encontra-se dividida: de um lado, imagens verde-e-amarelas, de outro, cenas vermelhas. Busca-se, desse modo, reaver o limiar cuja ruptura a enquete de Datena explicitara: o protesto que assim merece ser chamado é, em si mesmo, violento.

Pacificados

Ao contrário do que se tem afirmado, o abalo não ocorreu devido à quantidade de adesões que se seguiram à quinta-feira esfumaçada, e sim graças à qualidade do movimento que as convocou. O MPL é um grupo de dezenas de jovens que, diante do aumento das passagens, resolveu, junto a outros movimentos e partidos, arriscar a pele. Os militantes impediram frontalmente, e tendo por instrumento seu próprio corpo, nosso sagrado ir e vir, em nome da criação do direito de outros irem e virem. O gesto deslocado se fez presente no discurso paradoxal de outro esbravejador profissional, Arnaldo Jabor: "Não pode ser por causa de 20 centavos! A grande maioria dos manifestantes são filhos de classe média, isso é visível! Ali não havia pobres que precisassem daqueles vinténs, não!"[9]. O fato é que era por causa de vinte centavos, uma "migalha", cujo significado para aqueles que sabem quantas moedas carregam no bolso e qual o valor de cada uma delas, nós só podemos imaginar. Os rapazes e moças do MPL, que discutem as políticas de transporte público há anos, e cuja organização não se limita às redes sociais[10], imaginaram.

---

[8] Refiro-me ao "debate" que se seguiu à divulgação das imagens de guardas civis agredindo skatistas na praça Roosevelt, em janeiro de 2013. A mídia não poderia tomar partido dos policiais que jogaram gás de pimenta nos rapazes, mas não custava lembrar que a atividade carecia de regulamentação...

[9] Às ofensas gratuitas se seguiram pedidos de desculpa, também eles tresloucados, tendo em vista a necessidade de instrumentalização do movimento para os interesses da Rede Globo. Os xingamentos estão disponíveis em: <http://youtu.be/o-CduMIugRI>. As desculpas oportunistas, em: <http://youtu.be/13bZFuyfbGc>. Acesso em 30 jun. 2013.

[10] A respeito do risco político real em contraposição à falácia do poder das redes sociais, ver Malcolm Gladwell, "A revolução não será tuitada", *Observatório da Imprensa*, 14 dez. 2010, disponível em: <www.observatoriodaimprensa.com.br/news/view/a-revolucao-nao-sera-tuitada>. Acesso em 30 jun. 2013.

Daí terem assumido o risco maior: atentar contra a "segurança pública" e contra sua própria segurança pessoal. Além dos carros, eles peitaram a mesma polícia que mata ordinariamente os jovens que, nascidos e criados em berço não pacífico, devem ser "pacificados" à bala – e não a de borracha. O encontro desses dois mundos, em imaginação e fogo, foi o pontapé para o deslocamento do campo político que, até agora, parecia invulnerável à política. Pela imposição do conflito real, também eles precisavam ser "pacificados", mesmo que as imagens indicassem que "tudo está calmo". Aí reside a violência do movimento: não em vitrines e latas de lixo quebradas, mas no freio brusco de uma ordem fundada, por um lado, no ir e vir que permanece e, por outro, no genocídio de quem, mesmo com a economia de vinte centavos, talvez não chegue.

O transporte público gratuito, uma utopia real
João Alexandre Peschanski

Dentre as características peculiares das mobilizações sociais que ocorreram em centenas de cidades brasileiras em junho de 2013 está seu caráter propositivo. O Movimento Passe Livre (MPL), que convocou os primeiros protestos, não é apenas uma reação a uma política de aumento de tarifas dos transportes públicos, ocorrida simultaneamente em várias localidades. Não dá para entender a relevância das mobilizações de junho – que se iniciaram com uma passeata de cerca de 4 mil pessoas em São Paulo no dia 6 e, duas semanas depois, já somavam 1,4 milhão de pessoas em pelo menos 120 cidades – sem levar em consideração que não começaram como protestos "contra" algo, mas como uma expressão coletiva "a favor" de algo[1]. O MPL colocou na pauta da

---

[1] A teoria sociológica em voga – conhecida como teoria do processo político – geralmente põe em foco três dimensões explicativas de mobilizações sociais. É preciso analisar a organização preexistente aos protestos, a cultura de indignação e o sistema de oportunidades para protestar e alcançar seus objetivos, diz. No geral, essa teoria é ruim, na medida em que explica os fenômenos pretendidos depois de eles já terem acontecido – ou seja, tem capacidade preditiva quase nula – e, no caso brasileiro em questão, é praticamente irre-

60 | Cidades rebeldes

discussão política a proposta da tarifa zero, isto é, do transporte público gratuito.

Essa proposta tem um forte componente utópico. A bandeira do transporte público gratuito integra, por sinal, a agenda de transformação ecossocialista. No contexto do aquecimento global, correlacionado ao uso excessivo de combustíveis poluentes, faz parte da solução à crise ecológica e torna-se símbolo de uma alternativa à sociedade burguesa, na qual o carro individual se coloca como uma mercadoria-fetiche, um elemento de prestígio, o centro da vida. A proposta reúne então valores desejáveis a uma alternativa social ao capitalismo: sustentabilidade, solidariedade, eficiência, democracia e comunidade[2].

No entanto, a criação de um sistema de transporte público gratuito não é viável apenas numa configuração social futura, hipotética – é em princípio funcional ao capitalismo realmente existente[3]. O caráter realista (ou, mais especificamente, utópico-realista[4]) da proposta é provavelmente importante para entender o apelo e a difusão dos protestos, pois combina o diagnóstico da irracionalidade da sociedade dependente de automóveis individuais e uma alternativa possível nos parâmetros estabelecidos pela própria economia convencional.

A tarifa zero se justifica, nesses termos econômicos, se o preço total dos impactos sociais positivos for tomado como a base para o pagamento público das tarifas de cada usuário[5]. Dentre os impactos positivos está a

---

levante, já que não leva em consideração o elemento que me parece ser fundamental das Jornadas de Junho: a proposta que organizou o início dos protestos, o passe livre.

[2] Cf. Michael Löwy, "Ecossocialismo e planejamento democrático", *Crítica Marxista*, n. 28, 2009, e Michael Brie e Mario Candeias, *Just Mobility: Postfossil Conversion and Free Public Transport* (Berlim, Fundação Rosa Luxemburgo, 2012).

[3] Em cidades de pelo menos dezoito países no mundo, incluindo o Brasil, há experiências de transporte público gratuito. A organização Free Public Transports traz uma lista dessas experiências em: <http://freepublictransports.com/city/>. Acesso em 30 jun. 2013.

[4] Sobre utopias reais e seu impacto conceitual e político a respeito da definição de socialismo, ver Erik Olin Wright, "Alternativas dentro e além do capitalismo: rumo a um socialismo social", *Teoria & Pesquisa*, n. 21(1), 2012, e "Utopias reais para uma sociologia global", *Diálogo Global*, v. 1, n. 5, jul. 2011.

[5] Os benefícios coletivos têm de ser levados em conta na avaliação econômica da proposta de criar um sistema de transporte público gratuito. Não basta considerar apenas os custos de implementação, sem incluir as externalidades positivas, erro cometido por Ana Estela de Sousa Pinto, por exemplo, em "Tarifa zero exigiria dobrar arrecadação obtida com IPTU", *Folha de S.Paulo*, 18 jun. 2013. Vale notar que, apesar de superestimar os custos, a matéria faz um questionamento pertinente e realista sobre a fonte de arrecadação para sustentar o sistema proposto.

drástica diminuição dos custos sociais relacionados à poluição e ao trânsito quando o meio de transporte principal é o automóvel individual. A contaminação do ar ocasiona doenças respiratórias e, consequentemente, gastos médicos, para o cidadão e o Estado. Na medida em que tais doenças respiratórias incapacitam os membros de uma sociedade, levam também a uma possível desaceleração econômica – trabalhadores cansados e sem saúde não produzem no mesmo nível que trabalhadores sadios. Há outros gastos relacionados ao uso do automóvel em massa, como a manutenção de uma rede de fiscais de trânsito, necessária para organizar cidades com tráfego intenso, custos de internação hospitalar em casos de acidente de trânsito – a segunda causa de internação em hospitais públicos, só superada pelas relacionadas a doenças respiratórias – e o tempo (produtivo) perdido em engarrafamentos. Quem paga a conta pelo trânsito travado são, de novo, o cidadão e o Estado.

No Brasil, a comparação entre os custos de um sistema de transporte público e individual tem de considerar que as montadoras repassam ao cidadão e ao Estado os custos sociais relacionados ao uso de automóveis. Os brasileiros pagam para que cada vez mais pessoas tenham carros individuais. De acordo com a Federação Nacional da Distribuição de Veículos Automotores (Fenabrave), de janeiro a maio de 2013 foram vendidos 1,4 milhão de carros, 8,8% a mais do que no mesmo período no ano anterior. Para atingir cada vez mais consumidores, as montadoras exigem do governo redução de impostos e mais facilidade no crédito para compradores – querem se livrar ainda mais dos custos sociais dos carros que produzem. Mas o imposto deveria aumentar ao invés de diminuir.

O imposto deveria aumentar sobre as montadoras que lucram com a produção de um bem com alto custo social, como acontece com outros produtos nocivos. Mas também deveria aumentar, paulatinamente, sobre o consumidor, à medida que se consolide um sistema de transporte público funcional. A prestação pública e gratuita do transporte deveria ser sem fins lucrativos[6] e fundamentada em impostos progressivos[7].

---

[6] A concessão da prestação do serviço de transporte coletivo a empresas privadas é uma das ineficiências do modelo de transporte público no Brasil, na medida em que, para incentivar o setor privado, é preciso oferecer taxas de retorno em média mais elevadas do que eventuais ganhos em especulação financeira. Sobre os lucros líquidos das empresas concessionárias, que equivaleram para 2012 a R$ 406,8 milhões na cidade de São Paulo, ver Mario Cesar Carvalho, "Empresas de ônibus em São Paulo registram lucro acima da média", *Folha de S.Paulo*, 30 jun. 2013.

[7] Sobre os mecanismos progressivos de arrecadação no caso brasileiro, ver Caio Sarack, "A defesa do IPTU progressivo por Haddad", *Carta Maior*, 24 jun. 2013.

62 | Cidades rebeldes

Até agora, a argumentação nos levou à necessidade social de substituir o uso em massa dos automóveis pelo transporte público, mas por que este teria de ser gratuito? Por justiça econômica. Os usuários de transporte público beneficiam toda a sociedade, pois mantêm baixos os custos sociais relacionados ao transporte (poluição, trânsito). Beneficiam até mesmo as pessoas que não usam o transporte público. Cobrar tarifas pelo uso do transporte público é, então, uma injustiça econômica: por mais que o serviço beneficie a todos, só uma parcela dos beneficiados paga por ele. De certo modo, cobrar pelo transporte público se torna uma exploração dos usuários pelos não usuários. Os gastos do sistema de transporte coletivo deveriam ser partilhados pelos beneficiados, ou seja, divididos entre todos os cidadãos.

A gratuidade do transporte público pode ser defendida por dois outros aspectos econômicos. Por um lado, cobranças de tarifas envolvem custos de operação e fiscalização, ao passo que um sistema de transporte público gratuito os elimina. Por outro, a gratuidade funciona como um incentivo aos cidadãos para que usem meios públicos de locomoção, aumentando os benefícios sociais.

Do ponto de vista econômico, o capitalismo não é incompatível com o passe livre. Desejável e viável, aliás, a proposta contribui para a eficiência da reprodução do capitalismo. Mas, e nisso reside o caráter explosivo da proposta, também é compatível, principalmente, com uma alternativa social – em que elementos de justiça social e econômica não são residuais, mas o centro gravitacional de toda a atividade econômica – e se coloca como um desafio aos interesses de grupos capitalistas poderosos[8]. As montadoras têm, evidentemente, interesse em manter a sociedade dependente dos carros que fabricam. Para garantir seus lucros, precisam manter essa dependência e investem para pressionar os governos locais e federal de forma a preservar seu controle sobre o sistema de transporte. No Brasil, têm alta capacidade de pressão, pois contam com políticos aliados em posições-chave, na Comissão de Viação e Transportes da Câmara dos Deputados, e potencial de chantagem sobre o governo, ameaçando demitir trabalhadores se seus interesses não forem atendidos.

O real obstáculo para a proposta da tarifa zero diz respeito às relações de poder no capitalismo. A atingibilidade dessa utopia real depende

---

[8] Para uma avaliação profunda da noção de cidadania e dos direitos relacionados à mobilidade urbana, ver Daniel Guimarães Tertschitsch, "Deslocamento é lugar", *Urbânia*, São Paulo, Editora Pressa, n. 4, 2010. (Agradeço a Graziela Kunsch a referência.)

de uma modificação no modo como interesses econômicos dominantes se expressam na prestação desse serviço básico. Há controvérsias inerentes à atuação das organizações progressistas tradicionais em torno do passe livre. Por mais que possam reconhecer a desejabilidade e a viabilidade da proposta, algumas centrais sindicais e partidos de esquerda institucionalizados podem considerar que o embate com os grupos capitalistas que têm interesse na preservação do modelo de transportes tal qual existe atualmente cria custos políticos e até econômicos elevados demais e, portanto, não é justificável.

Enfrentar o equilíbrio político, supraclassista e suprapartidário, que sustenta a sociedade do automóvel é um dos principais desafios dos movimentos sociais que se organizam em torno da reivindicação do transporte público gratuito. Os protestos de junho, pela amplitude e intensidade que alcançaram, revelam que esse equilíbrio não é inabalável. A difusão de uma alternativa utópico-realista rompe o marasmo da política sem questionamentos, de pactos consensuais, e abre espaço para polarizações propositivas, articuladas a novos discursos e ideologias, com a eventual reconfiguração da direita e da esquerda e seus respectivos projetos, em disputa, e formas de expressar seus interesses.

Belo Horizonte, 26 de junho de 2013.

Brasília, 15 de junho de 2013.

Territórios transversais
Felipe Brito e Pedro Rocha de Oliveira

Do dia 24 para o dia 25 de junho de 2013, o matraquear dos helicópteros e das armas automáticas sacudiu a Comunidade Nova Holanda, no Complexo da Maré. Foi uma operação policial que atravessou a madrugada e que começou como desfecho da repressão a um ato de rua no dia anterior, que teria "voluntaria ou involuntariamente" "estimulado" e "acobertado" ações criminosas. No dia 26 de junho, os sites midiáticos ainda se esmeravam num acompanhamento mórbido, noticiando, de tempo em tempo, que subia para tanto o número de mortos, em tal horário, até chegar a dez, incluindo um sargento do Batalhão de Operações Policiais Especiais (Bope) – cifra, contudo, que não leva em conta desaparecidos nem esfaqueados. Trata-se de mais um episódio do processo contínuo de incursões policiais mortíferas nos territórios cariocas de pobreza, elas mesmas tão naturalizadas quanto a propriedade privada dos meios de produção ou a monetarização das relações sociais.

No contexto corrente de crise capitalista estrutural e planetária, o Rio de Janeiro é um laboratório de agenciamentos estatais coercitivos, oferecendo ocasião para o desenvolvimento do capítulo daquela crise que diz respeito ao planejamento urbano. A cidade expõe a militarização da vida sob a forma da hipertrofia da dimensão vigilante-repressiva-punitiva

66 | Cidades rebeldes

do Estado, a qual não só protege como opera um modelo de política urbana ao mesmo tempo empresariado e empresarial. É um tipo de gestão que além de direcionar o espaço urbano aos negócios empresariais, administra-o como uma grande empresa, em consonância com as injunções da mundialização financeira e da "acumulação flexível"[1].

Num país marcado por um crônico "déficit de cidade"[2], tais intervenções compõem um quadro social assombroso. Afinal, do binômio matricial industrialização-urbanização no capitalismo periférico e escravocrata brasileiro não saiu um pacto redistributivo entre capital e trabalho, com integração social pela via dos direitos, tampouco uma reforma urbana que revertesse a secular expropriação e segregação socioespacial. Na época em que tal pacto fez um tímido ensaio, ele foi abruptamente interrompido por um golpe de Estado civil-militar. Os ecos desse golpe ainda ressoam não só na chamada "segurança pública", que hoje tem feição de guerra declarada contra os pobres, mas em outros setores tecno-assistenciais do Estado brasileiro, em âmbito federal, estadual e municipal. Essa ressonância se deve ao fato de que a ditadura civil-militar de 1964-1985, conquanto tenha sustado o pacto redistributivo, tocou para a frente a modernização retardatária brasileira, e o fez em bases rigidamente conservadoras, engendrando uma formação social ornitorríntica[3] em que vetores socioeconômicos supostamente arcaicos e atrasados revelaram-se não como entraves às engrenagens do desenvolvimento capitalista, e sim como seus componentes motores.

Assim, o fim da ditadura civil-militar deixou ovos de serpente incrustados no legado mesmo do desenvolvimentismo econômico. Durante os movimentos que, na década de 1980, demandaram a reestruturação institucional do país, muita energia social foi mobilizada para canalizar a democracia formal num processo inédito de "democratização material", retomando aquele fio da meada que fora brutalmente cortado em 31 de março de 1964. O impulso era uma ânsia de prestação de contas com a persistência das iniquidades sociais no Brasil, de modo a presentificar a promessa já antiga de um "país do futuro". Para, dessa vez, não repetir as barbaridades dos surtos de desenvolvimento anteriores, pensou-se tal transformação da sociedade brasileira ainda no eixo reforma-revolução:

---

[1] David Harvey, *A condição pós-moderna* (São Paulo, Loyola, 1992).

[2] Ermínia Maricato, *Impasse da política urbana no Brasil* (Petrópolis, Vozes, 2011).

[3] Francisco de Oliveira, *Crítica à razão dualista/O ornitorrinco* (São Paulo, Boitempo, 2003).

não poderia deixar os pobres de fora porque dependia da sua participação política ativa. Foi assim que, aproveitando certas experiências do pré-golpe, partidos como o PDT e o PT investiram no trabalho de base, projetando uma situação política futura – hoje, um passado que parece não ter havido – em que a mobilização popular seria poderosa o suficiente para apoiar governos de esquerda mais ou menos radicais, comprometidos em desafiar nossas elites tradicionais. A equação era: massa mobilizada + líderes comunitários com "consciência política" + experiências governamentais e parlamentadas calcadas na "inversão de prioridades" = socialismo. No Rio, as associações de moradores de favelas desempenharam importante papel na montagem dessa equação, recheando de concretude a atuação dos partidos e colhendo benefícios da sua estrutura, expandindo a ação política para sindicatos e outras organizações. Foi assim que, por exemplo, a greve radicalizada que ocorreu em Volta Redonda em 1988, com a ocupação da Companhia Siderúrgica Nacional (CSN), foi sustentada com participação comunitária ativa – e seria impossível sem ela.

Excetuando-se esquemas fantasiosos de mudança social revolucionária, o fato é que a construção de mediações cabíveis para conduzir a ansiada "transformação profunda" da sociedade contava com algum tipo de regulação e intervenção estatal, ainda que fosse para chacoalhar a luta de classes. Mas os projetos de modernização retardatária foram corroídos pela crise capitalista. A estratosférica elevação da composição orgânica do capital, trazida pela revolução da microeletrônica, causou a obsolescência do megalômano esforço industrializante da ditadura, o qual estava calcado na substituição de importações. O estrangulamento fiscal decorrente do ciclo de endividamento externo do Terceiro Mundo corroeu a continuidade da regulação estatal para fins nacional-desenvolvimentistas. Isso tudo num cenário de formação generalizada de bolhas financeiro-especulativas, e toda a sorte de endividamentos públicos e privados, que tornaram regra a cega "fuga para a frente" do capitalismo. Nesse contexto, para grande parte da secular massa de empobrecidos, o registro de "exército industrial de reserva" deixou de ser categorialmente adequado: tratar-se-iam, doravante, de supérfluos, sobrantes, descartáveis, lançados permanentemente no desemprego estrutural e na informalidade. Era o fim da década de 1980, e a potência social criativa era abortada pela emergência do neoliberalismo.

Não obstante nossas particularidades, essa infeliz trajetória foi comum no chamado Terceiro Mundo, para não falar do Segundo. Mas, para nos fixarmos em nossa experiência, o Brasil que resultou da inviabilização

68 | Cidades rebeldes

do projeto da esquerda basista pela crise do nacional-desenvolvimentismo é o Brasil da desarticulação das organizações de base através da burocratização dos partidos que haviam ressurgido depois da ditadura, e da consequente transformação da população favelada em objeto de gestão social da pobreza através das ONGs, da repressão armada e do consumo endividado. Obedecendo à lógica ancestral de "desenvolvimento" e refletindo o alijamento político dos pobres do processo, a segregação urbana é hoje bem visível em termos de uma cisão/articulação entre estado de direito e "estado de sítio" – a suspensão do estado de direito em nome da defesa do estado de direito. Nas representações vigentes, do lado dos pobres, a violência do Estado – sobretudo na chave do "combate ao tráfico de drogas" – aparece como pré-requisito indispensável para uma "ação social" que historicamente nunca se realizou, e hoje tem menos motivos do que nunca para tal. Já na cidade dos "cidadãos de bem", impera uma política de paranoia concreta, de modo que quase se poderia dizer que é difícil saber quem está sitiado, exceto pelo fato de que as mortes em massa por homicídio no Brasil estão marcadas por uma clara seletividade econômico-étnico-espacial. Trata-se de mortes que fazem parte do funcionamento cotidiano do regime democrático em voga no país, promovendo um tipo de desmantelamento conceitual que – vale lembrar – não é prerrogativa da periferia do capitalismo. Não faz muito tempo, a "administração Obama" divulgou, pela boca do procurador-geral, que considera legítimo, em situações de emergência, empregar *drones* para assassinar cidadãos norte-americanos em território norte-americano sem o "devido processo legal"[4]: ou seja, expandir para o "centro" a prática comum nas "periferias" (Afeganistão, Iêmen, Iraque...).

Como breve epílogo, entretanto, vale lembrar que, no mesmo 25 de junho de 2013, o Movimento dos Trabalhadores Sem Teto (MTST) e o Movimento Periferia Ativa participaram de uma reunião com a presidenta Dilma Rousseff, arrancada em meio aos atos de rua nas periferias. Um dos pontos da pauta foi o fim imediato das violências policiais nas periferias[5]. Os mesmos movimentos, em conjunto com a Resistência Urbana, o Comitê Contra o Genocídio da Juventude Negra e o Movimento

---

[4]   Ryan J. Reilly, "Eric Holder: Drone Strike to Kill U.S. Citizen on American Soil Legal, Hypothetically", *The Huffington Post*, 5 mar. 2013, disponível em: <www.huffington post.com/2013/03/05/us-drone-strike_n_2813857.html>. Acesso em 29 jun. 2013.

[5]   Ver MTST, "O que a periferia vai dizer para Dilma", disponível em: <www.mtst.org/index.php/noticias/1129-dilma-chama-mtst-para-reuniao-amanha.html>.

Mães de Maio, já haviam realizado, no dia 14 de maio de 2013, em São Paulo, o "Dia das Mães Sem os Filhos". Movimentos que empreendem lutas territoriais têm a possibilidade de alcançar um vasto contingente de mulheres e homens que não são mais atingíveis pelas ferramentas organizativas que estão ligadas à inserção no trabalho – sindicatos, por exemplo –, por conta das profundas reestruturações produtivas: desemprego, informalidade, enorme dilatação do setor de serviços/comércio, expansão do fenômeno da terceirização etc. Ademais, num contexto de empresariamento urbano, as lutas territoriais não só ampliam como ressignificam as suas perspectivas: a cidade não é só o palco das lutas, mas é também aquilo pelo que se luta. Destacar a admirável capacidade mobilizadora dos territórios de pobreza, contudo, exige observar ainda uma debilidade estratégica: o distanciamento perante os meios de produção. Assim, o desafio colocado é ciclópico – mas a necessidade de resposta é urgente. Dela depende o confronto com o estado de emergência que respalda a tal fuga para a frente do capital em crise.

São Paulo, 17 de junho de 2013.

São Paulo, 17 de junho de 2013.

As Jornadas de Junho
Lincoln Secco

As Jornadas de Junho de 2013 pareciam um enigma[1]. Nem a alta do dólar ou o aumento da inflação podiam ser o motivo decisivo das revoltas. Ao contrário, a perplexidade adveio da manifestação puramente política, ainda que detonada pelos aumentos de tarifas de transporte público. Elas baixaram em mais de cem cidades e, ainda assim, as manifestações prosseguiram.

Segundo a *Folha de S.Paulo*, 84% dos manifestantes paulistas no dia 17 de junho não tinham preferência partidária, 71% participavam pela primeira vez de um protesto e 53% tinham menos de 25 anos. Pessoas com ensino superior eram 77%. Alguns números revelam o óbvio: desde 1992 não havia protestos amplos e generalizados no país, logo, só poderia ser a primeira vez dos jovens manifestantes. Além disso, a preferência partidária sempre foi baixa no Brasil, embora tenha se revelado ainda menor na pesquisa citada[2].

---

[1] Este artigo tem por base principalmente o que ocorreu em São Paulo.
[2] Os trabalhadores assalariados de renda média e colarinho branco constituem um imenso estrato social que nos últimos anos se dividiu entre a aceitação e a forte oposição

72 | Cidades rebeldes

Nas manifestações de 20 e 22 de junho em São Paulo, a pauta das ruas se duplicou. De um lado, a pauta popular, organizada de baixo para cima nos primeiros dias, na qual era central a questão da tarifa de transporte, induzida pelo Movimento Passe Livre (MPL). De outro, uma pauta que veio de cima para baixo. Esta era a pauta de massa. A questão aqui não é o conteúdo, mas a forma, ou seja, o que importa é como a "vanguarda" interpela os demais. A linguagem de cima é apelativa como a publicidade. A de baixo assemelha-se ao jogral, escolhido pelo MPL em contraposição ao tradicional uso de carros de som e palanques[3].

A pauta massificada nasce de baixo apenas aparentemente. Num universo de simulacros desprendidos de suas bases, em que os indivíduos relacionam-se diretamente sem mediações visíveis, os manifestantes virtuais não canalizam seu descontentamento pela representação política. Assim, ela se reduz a uma crítica generalizada dos próprios políticos profissionais, *mas não do modo de produção da política*, enredando-se num emaranhado abstrato. A totalização de suas demandas teria de ser mais do que a simples soma das partes que se despem de modo fragmentado nas ruas. O protesto sustentado pelo capital monopolista, invertido nos meios de comunicação de massa, se torna uma *flash mob*.

Também ela é uma forma nova. Não tem carros de som nem palanques com oradores. Mas aqui reside a apropriação farsante da atuação do autêntico MPL, pois os locutores daqueles que expulsaram as esquerdas das ruas são invisíveis. Seu palanque é, entre outros, os programas da cobertura televisiva cuja audiência cresceu acompanhando os protestos[4]. Desde que depurada dos "vândalos", a passeata torna-se aceitável.

Apesar de a maioria dos jovens manifestantes usar a internet para combinar os protestos, os temas continuam sendo produzidos pelos mono-

---

ao governo do PT. A *base material* da insatisfação talvez seja o fato de o governo Lula ter ampliado a renda dos muito pobres, mas favorecido os muito ricos. Os serviços públicos mal vistos convidam essa fração de classe "média" a gastar com as escolas particulares e os planos de saúde. A oposição ao PT resulta tanto de uma *base material* quanto de uma ideologia disseminada pelos meios de comunicação. No entanto, a maioria da população mais pobre apoiou os manifestantes e derrubou a avaliação da presidenta Dilma Rousseff.

[3] O "jogral" foi a técnica usada pelos trabalhadores da Vila Euclides na célebre assembleia operária dirigida por Lula durante as greves do ABC. Nas passeatas de junho, um manifestante gritava um recado e os outros repetiam em voz alta para os que vinham atrás.

[4] Cf. "Cobertura das manifestações eleva audiência do jornalismo da TV aberta", *Tela Viva*, disponível em: <www.telaviva.com.br/27/06/2013/cobertura-das-manifestacoes-eleva-audiencia-do-jornalismo-da-tv-aberta/tl/345760/news.aspx>. Acesso em 1º jul. 2013.

pólios de comunicação. A internet é *também* um espaço de interação entre indivíduos mediada pelo mercado de consumo e vigiada pela "inteligência" dos governos.

A marcha dos acontecimentos

Observe-se[5] que os dois primeiros atos seguiram a tradicional capacidade de arregimentação do MPL em protestos de rua (cerca de 2 mil pessoas). O quarto ato ainda foi pequeno, mas a repressão policial desencadeou uma onda de solidariedade ao MPL, o que levou ao ato seguinte cerca de 250 mil pessoas. O sexto ato manteve parte do ímpeto (18 de junho) e, logo depois, os governos baixaram as tarifas de ônibus e metrô. Foi a vitória do movimento popular. Mas como sói acontecer na história, a afirmação do movimento popular trazia em si a sua negação.

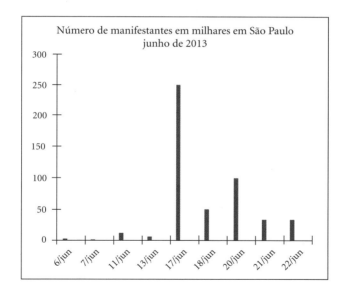

O papel da *interpretação* da violência foi decisivo. O descolamento aparente entre a política e a repressão equivale à naturalização da re-

---

[5] Estimativas oficiais para os primeiro, segundo e terceiro atos são da Polícia Militar de São Paulo. Em relação ao quarto ato, a estimativa é do *Brasil de Fato*. Já as estimativas oficiais do quinto e do sexto atos são do Datafolha. Cf. *O Estado de S. Paulo*, 19 jun. 2013.

74 | Cidades rebeldes

pressão policial[6], da mesma forma que a autonomia de um banco central significa a naturalização da economia. A elevação da taxa de juros deixa de ser uma decisão política tanto quanto a repressão se torna técnica[7].

Na dinâmica dos protestos de junho a maior alteração registrada no gráfico anterior resultou da ação policial. O ataque a jornalistas e a um movimento com a aparente composição social de "classe média" pode ter facilitado a solidariedade ao movimento. Acompanhando seu mercado, a direita midiática se viu forçada a apoiar os manifestantes – mas com sua própria pauta. Por isso, o decisivo não foi a violência, tão *natural* contra trabalhadores organizados, e sim sua *apropriação* pela imprensa.

Na manifestação de 20 de junho, a direita mostrou uma face dupla: grupos neonazistas serviam para expulsar uma esquerda desprevenida, enquanto inocentes "cidadãos de bem" de verde-amarelo aplaudiam. O número de participantes no país foi o maior até então. Mas começou a cair logo em seguida. A mudança ideológica dos protestos coincidiu com uma queda abrupta do número de manifestantes. O movimento que começara apartidário se tornava então *antipartidário*.

É preciso lembrar que a taxa de apartidarismo por parte da população sempre foi alta no Brasil, uma vez que os partidos burgueses e as instituições representativas nunca vicejaram entre nós. A democracia liberal foi sempre um interregno numa persistência ditatorial. Os partidos de esquerda não puderam se estruturar dentro da legalidade senão recentemente. Isto lhes permitiu manter coerência programática e "imunidade" ante o desgaste de se atrelar a uma ordem instável. Mas hoje já se apresentam como protoestados que mimetizam organicamente o aparelho burocrático estatal[8]. Eles chegam mesmo a manter dentro de si subpartidos (tendências) que competem entre si pelo controle da máquina partidária, assim como simulam uma disputa pela sociedade civil que é, na verdade, apenas a luta pela máquina estatal. A trajetória do PT foi a que mais evidenciou esta "evolução" do protesto social ao transformismo político[9].

---

[6]   Daí deriva a expressão típica dos governantes: "condenamos os excessos da polícia".

[7]   Ver Luís Fernando Franco e Lincoln Secco, "Valor e violência", *Mouro*, n. 6, São Paulo, jan. 2012 (o artigo não está assinado). Ver também: Lincoln Secco, "A Guerra Civil em França", *Blog da Boitempo*, 17 jun. 2013.

[8]   Cf. Luís Franco, Resenha, *Mouro*, n. 7, São Paulo, 2012.

[9]   Todavia, não deixa de ser sintomático que algo do movimento de junho já tenha sido proposto no interior de uma *forma partidária*. No PT dos anos 1980 houve tentativas de rotatividade nos postos de direção e em cargos eletivos, integração direta entre os núcleos de base, conselhos populares, financiamento exclusivo pelos trabalhadores e, até mesmo,

Mas trata-se de um problema de matriz mundial: uma forma partidária sem vida interior se mostrou incapaz de galvanizar a oposição social que tomou as ruas desde a Primavera Árabe[10].

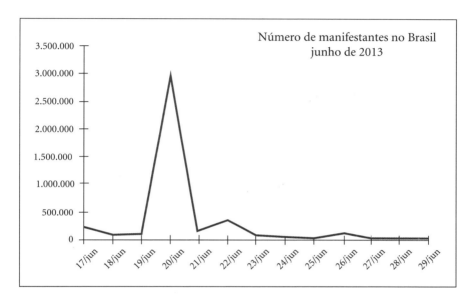

A abrangência geográfica dos protestos[11] cresceu e se manteve em patamar elevado mesmo depois de uma queda mais abrupta do número

---

tarifa zero. O PT não implementou essas medidas, embora tenha adotado outras não menos importantes, como 50% de mulheres na direção.

[10] Fui testemunha ocular dos eventos na Avenida Paulista em 20 e 22 de junho, ao lado de Ciro Seiji, Eduardo Bellandi e José Mao Jr. Colhi, e há relatos de outros participantes: Fernando Sarti Ferreira e Rosa Rosa Gomes. Sobre a mudança de pauta das ruas, ver o relato de João Priolli (inédito, a ser publicado na revista *Mouro*). Também: Renato Watanabe Morais, "A pasteurização do protesto", *Blog da Boitempo*, 28 jun. 2013. Para exemplos em diferentes cidades do tom antipartidário do movimento, ver Urariano Motta, "A direita nos protestos", *Blog da Boitempo*, 25 jun. 2013 e o jornal de Botucatu *Diário da Serra*, 20 jun. 2013.

[11] O levantamento se baseia nos portais de notícia *G1* e *EBC*, em jornais locais do interior paulista e também em informações pessoais. Não se trata, portanto, de um levantamento científico. Os dados sobre a evolução dos protestos na cidade de São Paulo são mais seguros porque permitem o confronto com as estimativas do MPL, da PM e do Instituto Datafolha. O próprio site de acompanhamento dos protestos citado anteriormente não possui informações sobre inúmeras cidades e não informa o número de manifestantes em São Paulo no dia 21 de junho, complementado por mim mesmo. Sobre o dia 24 de junho, não consta o número de manifestantes de Brasília, por exemplo.

de manifestantes. Concomitantemente à mudança ideológica e à fragmentação da pauta de reivindicações, ocorreu uma interiorização dos protestos, seguida pelo seu espalhamento[12].

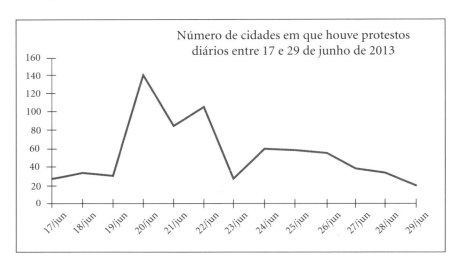

A dinâmica de um movimento horizontal

O MPL, organização horizontal e autonomista, *mas dirigente*, foi o ator mais importante na primeira fase dos protestos. Trata-se de movimento fundado em 2005 e existente em várias cidades, fruto do acúmulo de revoltas contra o aumento das tarifas de transporte público que ocorreram em 2003 em Salvador e, logo depois, em Florianópolis[13]. É sintomático que aquelas revoltas urbanas não tenham sido dirigidas por

---

[12] Os gráficos foram elaborados a partir do infográfico "Manifestações pelo Brasil", disponível em: <http://g1.globo.com/brasil/protestos-2013/infografico/platb/>. Acesso em 24 jun. 2013. Para o dia 24, complementei o número de cidades a partir do informe "Confira cidades que organizaram manifestações para esta segunda (24)", do portal *EBC*, disponível em: <www.ebc.com.br/cidadania/2013/06/confira-cidades-que-organizaram-manifestacoes-para-esta-segunda-24>. Para o mesmo dia, há o caso de Marília (SP), com a presença de 250 pessoas, conforme informação dos participantes. Para 21 de junho, acrescentei 10 mil em Poços de Caldas (MG), a partir de informação pessoal. Para 20 de junho, o jornal *Diário da Serra*, de Botucatu (SP), estimou 8 mil manifestantes. Para 28 de junho, acresci duzentas pessoas em Cosmópolis (SP).

[13] Leo Vinícius, *A guerra da tarifa* (São Paulo, Faísca, 2004).

organizações tradicionais de esquerda[14], mas por movimentos que conseguiam formar-se de acordo com o próprio ritmo coletivo das ações de rua, tal qual uma escultura social[15].

O século XXI começou na Primavera Árabe em 2011. Depois que as cidades perderam sua condição revolucionária provisoriamente para as grandes revoluções camponesas do século XX, as revoluções urbanas voltaram à luz do dia. Na Europa, o ano de 1968 assinalou isto. Mas também a Xangai de 1967, que, esta sim, sinalizava o ingresso do Terceiro Mundo na dinâmica revolucionária do centro.

Agora estamos finalmente diante de revoltas em países de industrialização periférica. Obviamente, cada uma delas é diferente entre si. As revoltas no sul da Europa, em Istambul ou no mundo árabe respondem a problemas domésticos. A pergunta a se fazer é: por que, sendo tão diferentes, guardam entre si um ar de familiaridade? São revoltas disseminadas pelas redes virtuais, nas quais as pessoas agem como singularidades, mas o conjunto é construído pela reação calculada dos donos do poder e da informação. Assim, sua potencialidade revolucionária pode ser cooptada, como foi visto anteriormente.

Conclusão?

Até o fim de junho nenhuma greve importante acompanhou os protestos de rua – é preciso lembrar que em 2012 houve 58% mais greves do que em 2011[16]. Os movimentos sociais e os grupos da periferia das grandes cidades ficaram em compasso de espera[17]. Na primeira onda de manifestações encerradas em junho, as centrais sindicais, o MST e os partidos de esquerda não lograram polarizar a vida política. Enquanto os protestos desmaiavam nas ruas já cansadas no fim do mês, algo

---

[14] Segundo um membro do MPL, mesmo a extrema-esquerda revela um "desencaixe entre sua forma e a forma que o movimento assume na rua. Não tanto – como se poderia supor – por causa da estrutura hierarquizada do partido, mas muito mais por uma diferença do ritmo e da linguagem que exige a política da rua". Cf. Caio Martins, "O povo nos acordou? A perplexidade da esquerda frente às revoltas", *Passa Palavra*, 22 jun. 2013.

[15] Ver Maria Reisewitz, "Joseph Beuys: o sentido da vida", *Mouro*, n. 7, São Paulo, jan. 2012.

[16] Fernanda Cruz, "Número de greves cresceu 58% no ano passado, diz Dieese", *Agência Brasil*, 23 maio 2013, disponível em: <agenciabrasil.ebc.com.br/noticia/2013-05-23/numero-de-greves-cresceu-58-no-ano-passado-diz-dieese>. Acesso em 20 jul. 2013.

[17] Verificaram-se somente pequenos protestos na periferia paulistana e a participação ainda marginal em grandes protestos pelo Brasil.

78 | Cidades rebeldes

se insinuava no ar. O roteiro previsível do teatro da política brasileira se tornou incerto.

Diante das ações de junho, as centrais sindicais convocaram uma greve geral para o dia 11 de julho, algo que não ocorria desde 1991[18]. Cerca de 200 mil pessoas participaram das manifestações em pelo menos 157 cidades[19]. A abrangência geográfica foi maior do que a dos protestos de junho, embora o número de manifestantes fosse menor. Mas o impacto da greve foi maior devido à paralisação de transportes públicos em algumas capitais e por conta do bloqueio de rodovias na maioria dos estados da federação.

Os movimentos sociais organizados e os grupos da periferia das grandes cidades antes só tinham voz mediante pesquisas. A segunda onda de manifestações dirigidas por eles pode polarizar a vida política. Os pobres também já saíram de casa, é verdade. Porém, tudo é diferente com eles. Em fins de junho de 2011, moradores da Rocinha promoveram uma passeata na direção da casa do governador do Rio de Janeiro. A polícia impediu que eles se aproximassem. No entanto, permitiu por dias que estudantes de classe média, acampados na porta do prédio daquele mesmo governante, protestassem em paz[20].

---

[18] As centrais sindicais chamaram o 11 de julho de Dia Nacional de Lutas e surgiram propostas de uma nova tentativa de greve geral para data posterior.

[19] O número de cidades e o de manifestantes foram estimados pelo portal de notícias *G1*, complementado por informações obtidas no site da CUT em 11 de julho. Porém, como a maioria das cidades não informou o número de pessoas, trata-se de um total subestimado.

[20] Janio de Freitas, "Para a frente ou para trás", *Folha de S.Paulo*, 30 jun. 2013.

Sob a sombra do precariado
Ruy Braga

No dia 25 de junho de 2013, o ministro da Saúde Alexandre Padilha anunciou a abertura de 35 mil vagas para a contratação de médicos no Sistema Único de Saúde (SUS) até 2015. No mesmo pronunciamento, Padilha afirmou ser necessário contratar médicos estrangeiros para suprir a demanda por profissionais nas periferias das grandes cidades e no interior do país. "Ok, não é a panaceia. Mas, em se tratando de atenção primária à saúde, bem que ajudaria. A luta de classes compensa, afinal..." – pensei.

Há tempos não escutamos falar em desonerações fiscais ou superávit primário. Após sucessivas altas, o preço do dólar recuou ante o real. Ninguém notou. Sinal dos tempos, a Câmara dos Deputados aprovou o projeto de lei que destina 75% dos *royalties* do petróleo para a educação e os 25% restantes para a área da saúde. Transformou, ainda, a corrupção em crime hediondo.

Não há dúvida de que, em junho de 2013, as placas tectônicas da política brasileira movimentaram-se bruscamente, arremessando-me 21 anos atrás quando milhares de manifestantes tomaram as ruas das grandes metrópoles brasileiras para exigir o *impeachment* de Fernando Collor de Mello. Lembrei-me do atual ministro da Saúde, balançando a bandeira do Partido dos Trabalhadores (PT) à frente de uma multidão de jovens nas ruas.

No final de 1991, Padilha, Vitor Negrete e eu havíamos sido eleitos para coordenar o Diretório Central dos Estudantes (DCE) da Universida-

80 | Cidades rebeldes

de Estadual de Campinas (Unicamp). A campanha nacional lançada pela União Nacional dos Estudantes (UNE) em apoio à investigação das denúncias de corrupção de Collor nos absorveu completamente. Derrubado o presidente, a vida encarregou-se de nos separar.

Quase uma década e meia após o "Fora Collor", Negrete morreu ao alcançar o cume do monte Evereste. Três anos depois, Padilha foi nomeado chefe da Secretaria de Relações Institucionais do governo Lula e, em 2011, ministro da Saúde. De minha parte, rompi com o PT em meados dos anos 1990, filiando-me a uma pequena organização política localizada à esquerda da esquerda no espectro ideológico.

Em termos profissionais, virei professor de sociologia e decidi pesquisar a formação e o destino histórico do grupo paulistano dos operadores de *telemarketing*. Esses trabalhadores são realmente notáveis, pois condensam as características mais salientes do atual regime de acumulação pós-fordista: a terceirização empresarial, a privatização neoliberal e a financeirização do trabalho. Em pouco mais de uma década e meia, o crescimento desse grupo transformou-o no segundo mais numeroso em termos ocupacionais, acantonando cerca de 1,5 milhão de trabalhadores no país.

Os operadores de *telemarketing* sintetizam as mais importantes tendências recentes do mercado de trabalho brasileiro, isto é, o crescimento do emprego formal no setor de serviços, o aumento do assalariamento feminino, a absorção massiva de jovens não brancos e os baixos salários.

Entre 2004 e 2009, entrevistamos inúmeras filhas de empregadas domésticas que claramente identificaram no contraponto ao trabalho materno a principal razão de terem buscado o *telemarketing* – mesmo quando a diferença salarial era favorável ao trabalho doméstico. Na indústria do *call center*, essas jovens perceberam a oportunidade de alcançar direitos trabalhistas e terminar o ensino superior (em faculdade particular noturna), coisas que o trabalho doméstico é incapaz de prover.

Na pesquisa de campo, observamos o manejo degradante dessa força de trabalho: porque a indústria de *call center* não necessita de trabalhadores qualificados, as empresas beneficiam-se de um regime fabril apoiado em elevadas taxas de rotatividade e no aprofundamento do sofrimento psíquico. As empresas exploram o ciclo do consumo da força de trabalho.

Em geral, o teleoperador necessita de dois a três meses de experiência para se tornar proficiente no produto. Após esse tempo, o trabalhador encontra-se apto a alcançar as metas. Advém um período de aproximadamente um ano, em que ele obtém certa satisfação residual em razão de dominar o produto. No entanto, o endurecimento das metas, a rotinização, o despotismo dos coordenadores de operação, os baixos salários e a negligência por parte das empresas em relação à ergonomia e à temperatura do ambiente promovem o adoecimento e alimentam o desinteresse pela atividade. Nessa fase, o teleoperador deixa de "dar resultados", sendo então demitido e substituído por outro, que recomeçará o mesmo ciclo.

A satisfação trazida pela conquista do emprego formal e pelo incremento da escolarização choca-se com um mercado de trabalho em que 94% dos novos postos pagam até 1,5 salário-mínimo. Sem mencionar as precárias condições de vida nas periferias das cidades e a violência policial que persegue as famílias trabalhadoras, no intervalo de uns poucos anos pudemos constatar que a vitória individual transformou-se em um alarmante estado de frustração social.

A partir de meados dos anos 2000, registramos o aumento da atividade grevista na indústria paulistana do *call center*. Após 2010, o ritmo da mobilização acelerou ao ponto dos teleoperadores se destacarem nas greves nacionais bancárias. Os aumentos reais do salário-mínimo e a oferta de crédito consignado já não eram mais suficientes para conter a insatisfação social. Tornaram-se parte de uma avassaladora onda reivindicativa em escala nacional.

Após as recentes greves nas usinas de Jirau e Belo Monte e nos complexos de Santo Antônio, Suape e Comperj, além da violenta desocupação da comunidade do Pinheirinho, em São José dos Campos (SP), apenas os muito desavisados não haviam percebido que os sismos aproximavam-se rapidamente das grandes metrópoles. Segundo dados do Departamento Intersindical de Estatística e Estudos Socioeconômicos (Dieese), o número de horas paradas em 2012 foi 75% superior ao de 2011, alcançando um pico histórico inferior apenas aos de 1989 e de 1990. A combinação da desaceleração do crescimento econômico com um mercado de trabalho ainda aquecido pode nos ajudar a explicar esse importante fenômeno.

Os dois governos Lula não foram capazes de criar novos direitos sociais. A despeito da recente equiparação dos direitos trabalhistas das empregadas domésticas, Dilma Rousseff seguiu pelo mesmo caminho. Se os sucessivos governos petistas aumentaram largamente os gastos sociais, o mesmo não pode ser dito a propósito dos gastos com saúde e educação. Embora tenham crescido em termos absolutos devido ao bom desempenho da economia, declinaram em termos relativos.

A questão da efetivação e ampliação dos direitos sociais é chave para interpretarmos a maior revolta popular da história brasileira. Desde os anos 1950, o proletariado precarizado mobiliza-se pela ampliação dos direitos da cidadania. O PT e a CUT descendem diretamente da habilidade do proletariado precarizado brasileiro de transitar muito rápido da aparente acomodação política à intensa reivindicação por direitos.

Um processo semelhante parece estar acontecendo agora. Pesquisa da empresa de consultoria Plus Marketing na passeata de 20 de junho de 2013 no Rio de Janeiro mostrou que 70,4% dos manifestantes estavam empregados, 34,3% recebiam até um salário-mínimo e 30,3% ganhavam entre dois e três salários-mínimos. A idade média era de 28 anos, ou seja, a faixa etária dos que entraram no mercado de trabalho nos últimos dez anos. Dados colhidos em Belo Horizonte apontam na mesma direção.

Se os grupos pauperizados que dependem do programa Bolsa Família e os setores organizados da classe trabalhadora que em anos recentes conquistaram aumentos salariais acima da inflação ainda não entraram na cena política, o "precariado" – a massa formada por trabalhadores desqualificados e semiqualificados que entram e saem rapidamente do mercado de trabalho, por jovens à procura do primeiro emprego, por trabalhadores recém-saídos da informalidade e por trabalhadores sub-remunerados – está nas ruas manifestando sua insatisfação com o atual modelo de desenvolvimento.

Os aumentos nos gastos sociais não aliviam quase nada as carências desses setores. Uma pesquisa nacional realizada pelo Ibope durante as passeatas do mês de junho de 2013 mostrou que os problemas mais citados pelos manifestantes eram a saúde (78%), a segurança pública (55%) e a educação (52%). Ademais, 77% dos entrevistados mencionaram a melhoria do transporte público como a principal razão dos protestos. Estamos diante de um autêntico processo de mobilização do proletariado precarizado em defesa tanto de seus direitos à saúde e à educação públicas e de qualidade quanto pela ampliação de seu direito à cidade.

Atordoado pela magnitude desse terremoto social, o governo federal deu-se conta de que os tempos de desmobilização popular ficaram para trás e convocou meu velho companheiro de passeatas, Alexandre Padilha, para encabeçar um pacto pela melhoria dos serviços do Estado. Sem modificar profundamente a estrutura dos gastos com os encargos da dívida pública, no entanto, considero pouco realista que o governo tenha condições de satisfazer as atuais reivindicações.

Na realidade, se a desaceleração econômica associada à inexperiência organizativa dos manifestantes turvam antecipações mais precisas sobre o futuro, parece-me claro que as temporalidades da crise econômica internacional e da crise política nacional colocaram-se em concordância. O país entrou no ritmo do sul da Europa, e arrisco afirmar que viveremos ainda um bom tempo sob a sombra desse explosivo estado de inquietação social.

A vez do direito social e da descriminalização dos movimentos sociais
Jorge Luiz Souto Maior

As mobilizações pelo país, com toda a sua complexidade, não deixam dúvida quanto a um ponto comum: a população quer mais serviços públicos e de qualidade. Querem a atuação de um Estado social, pautada pelo imperativo de uma ordem jurídica que seja apta a resolver a nossa grave questão social, notadamente a desigualdade social.

Do conjunto dos fatos ocorridos em junho – que estão inseridos em um processo que está apenas iniciando – sobressai, também, um abalo irreversível da concepção refratária às mobilizações de rua, que passaram a ser reconhecidas, expressamente, como manifestações políticas legítimas, superando, inclusive, em face do reconhecimento da relevância social das manifestações para solução de graves problemas sociais, o tradicional e reacionário paradigma do direito de ir e vir.

O desafio, agora, é consolidar esse avanço no que se refere às mobilizações dos movimentos sociais, que muitas vezes requerem práticas de maior enfrentamento do que simplesmente o ato de andar pelas ruas, até porque podem trazer consigo lutas emergenciais, sendo não raramente integradas por causas que dizem respeito à própria sobrevivência de seus integrantes. São movidas por um sentimento de revolta e têm por finalidade resgatar a dignidade humana que fora violentada por ação ou omissão do próprio Estado ou entes ligados ao poder econômico privado.

É inconcebível, dado o avanço verificado a partir das mobilizações de junho, que se preserve quanto aos movimentos sociais a lógica refratária que fora suprimida nas ruas. Não é mais possível que se utilize frente aos movimentos sociais uma estrutura repressiva, que se concretiza com força policial, ataque midiático e fórmulas jurídicas (notadamente, as ações possessórias, os dissídios de greve e os interditos proibitórios).

Há de se lembrar que vivenciamos uma sociedade de classes, típica do modelo capitalista, e mudanças sociais concretas, no sentido da diminuição da desigualdade e da construção de um Estado efetivamente voltado à questão social, somente ocorrerão se for evidenciado o conflito entre o trabalho e o capital, de modo a corrigir várias distorções dos meios de produção e do modo de exploração do trabalho, que, na nossa realidade, têm alimentado a lógica da má distribuição da renda produzida, gerando segregação e precarização, além do grave descompromisso com as repercussões públicas e sociais do processo de produção.

Para dar continuidade às mudanças requeridas nas ruas, é hora, portanto, de superar a noção que há muito se integrou ao ideário retrógrado brasileiro, de que a questão social, desde quando enfim passou a ter sua existência admitida, trata-se de "caso de polícia", conforme expressão utilizada pelo ex-presidente Washington Luís na década de 1920. Como já advertira Octavio Ianni, no Brasil, "em geral, os setores sociais dominantes revelam uma séria dificuldade para se posicionar em face das reivindicações econômicas, políticas e culturais dos grupos e classes subalternos. Muitas vezes reagem de forma extremamente intolerante, tanto em termo de repressão como de explicação. Essa inclinação é muito forte no presente, mas já se manifestava nítida no passado"[1].

Ocorre que, adotando-se os pressupostos jurídicos atuais, os movimentos sociais, quando se mobilizam em atos políticos para lutar por direitos, não estão contrários à lei. Além disso, não podem ser impedidos de dizer que determinadas leis, sobretudo quando mal interpretadas e aplicadas, têm estado, historicamente, a serviço da criação e da manutenção da intensa desigualdade que existe em nosso país.

---

[1] Octavio Ianni, *Pensamento social no Brasil* (Bauru, Edusc, 2004), p. 109.

Os movimentos sociais, que representam as parcelas consideráveis da sociedade que se encontram em posição inferiorizada e que lutam por melhores condições de vida – e contra todas as estruturas que privilegiam, de forma totalmente injustificada, alguns setores da sociedade –, querem, primeiro, que a lei não seja usada como instrumento para impedi-los de lutar, de apontar os desajustes econômicos, políticos e culturais de nossa sociedade e de conduzir, por manifestações públicas, suas reivindicações, e, segundo, pretendem demonstrar que, em verdade, agem amparados pela Constituição Federal, nossa Lei Maior, a qual, instituída a partir da noção de Estado democrático de direito, prevê como objetivos fundamentais da República Federativa do Brasil: i) construir uma sociedade livre, justa e solidária; ii) garantir o desenvolvimento nacional; iii) erradicar a pobreza e a marginalização e reduzir as desigualdades sociais e regionais; iv) promover o bem de todos, sem preconceitos de origem, raça, sexo, cor, idade ou quaisquer outras formas de discriminação.

A Constituição, fazendo menção às relações internacionais, deixa claro que o Estado brasileiro se rege pelos princípios da prevalência dos direitos humanos (inciso II, art. 4º); da defesa da paz (inciso VI, art. 4º); da solução pacífica dos conflitos (inciso VII, art. 4º); e da cooperação entre os povos para o progresso da humanidade (inciso IX, art. 4º), não sendo nem mesmo razoável supor que com relação aos movimentos políticos internos, de natureza reivindicatória, seja considerado que o império da lei se dê para calar e criminalizar aqueles que, bem ao contrário, pretendem exatamente que os preceitos constitucionais se efetivem. Este agir político, ademais, é o pressuposto básico da cidadania, o princípio fundamental da República (inciso II, art. 1º).

Há de se reconhecer, ademais, que os conflitos sociais decorrem de um conjunto brutal de ilegalidades cometidas pelos poderes públicos deste país (União, estados e municípios), ao não fazerem valer, em concreto, os direitos consagrados constitucionalmente. E muitos, comodamente, não querem ver isso, como também não querem ver que a situação social apresenta-se insuportável para todos aqueles que passam fome ou que se alimentam precariamente; que não têm onde morar ou que moram em local inabitável; que não têm acesso a ensino público de qualidade; que não possuem trabalho digno; que se valem de transporte público deficiente; que são fraudados por parte do segmento empresarial, em seus direitos trabalhistas, e pelo próprio Estado, no que se refere aos direitos previdenciários; que não possuem tratamento público de saúde eficiente; e que, ainda, não verificam nenhuma atitude concreta

86 | Cidades rebeldes

dos poderes públicos para fazerem cumprir os preceitos constitucionais que asseguram a todos os cidadãos uma vida digna (inciso III, do art. 1º, da CF), vendo apenas as reiteradas notícias de desvios do dinheiro público e o anúncio de lucros exorbitantes das grandes empresas multinacionais, que são obtidos graças à exploração do trabalho humano.

Deve-se lembrar também, por oportuno, que a própria ordem econômica, conforme previsão constitucional, fundada na valorização do trabalho humano e na livre iniciativa, tem por fim assegurar a todos existência digna, conforme os ditames da justiça social, observados os seguintes princípios: da função social da propriedade; da redução das desigualdades regionais e sociais; e da busca do pleno emprego (art. 170, *caput*, incisos II, III e VIII).

O artigo 6º da Constituição Federal brasileira, cuidando dos Direitos Fundamentais, declara como direitos sociais: a educação, a saúde, a alimentação, o trabalho, a moradia, o lazer, a segurança, a previdência social, a proteção à maternidade e à infância, a assistência aos desamparados.

Não há como negar, portanto, que a ordem jurídica nacional está pautada pelos preceitos do direito social, cujos objetivos são: buscar a justiça social, mediante a distribuição da riqueza produzida; efetivar a democracia; e internacionalizar valores de preservação e elevação da condição humana, objetivos estes vistos como condições para a paz mundial. No novo direito impera a concepção de um regramento que tem por consequência a melhoria da posição econômica e social de todos e a preservação da dignidade, no sentido da elevação da condição humana.

O direito, na acepção de um direito social, assume, assim, um relevante papel de reforma da realidade, partindo-se da constatação, conforme esclarecido por Ascareli, de que o "direito espontâneo, que se forma, ou se acredita formar-se, diretamente pelo livre jogo das forças em luta, é sempre o direito do mais forte"[2].

A função do direito social é distribuir a riqueza, para fins não apenas de eliminar, por benevolência, a pobreza, mas para compor o projeto de uma sociedade na qual todos possam, efetivamente, adquirir, em sua significação máxima, o sentido da cidadania, experimentando a beleza da condição humana, sendo certo que um dos maiores problemas que agridem a humanidade é a injustiça.

---

[2] Citado em Norberto Bobbio, *Da estruturação à função: novos estudos de teoria do direito* (trad. Daniela Beccaccia Versiani, Barueri, Manole, 2007), p. 248.

Assim, o direito social depende da vivência concreta da democracia política para que as pessoas excluídas do sistema econômico ou incluídas numa lógica de exploração possam se organizar para questionar criticamente a realidade, expondo publicamente os seus problemas e reivindicando as soluções necessárias. É assim, por conseguinte, que os movimentos sociais são acolhidos pelo direito de forma a tornar juridicamente válida – e, portanto, legítima – a sua manifestação e o seu inconformismo diante da injustiça identificada, sendo, portanto, a "criminalização" dos movimentos sociais apenas um método do já superado direito liberal.

O que vivemos no Brasil há anos, como é fácil perceber para quem ler a Constituição de forma não preconceituosa e olhar à sua volta, é uma resistência ao cumprimento da ordem jurídica constitucional, pautada pelos direitos humanos e pelos preceitos do direito social. E o pior é o fato de que todos aqueles que tentaram demonstrar isso publicamente até o passado recente foram criminalizados ou discriminados de alguma forma, tornando assim, até agora, irrealizável o projeto da construção de uma sociedade verdadeiramente justa.

A única forma de concluir esse projeto é permitir que a democracia seja de fato exercida, especialmente no sentido de permitir a organização dos diversos segmentos da sociedade, a fim de que conduzam, mediante ações concretas, suas reivindicações, ao mesmo tempo que expressem com clareza sua vontade e sua indignação contra os fatores agressivos à efetivação dos direitos constitucionais sociais.

A *Declaração e programa de ação*, fruto da Conferência Mundial dos Direitos Humanos realizada em Viena em junho de 1993, estabelece, em seu item 15, que "o respeito aos direitos humanos e liberdades fundamentais, sem distinções de qualquer espécie, é uma norma fundamental do direito internacional na área dos direitos humanos".

E, conforme consta dos "considerandos" dessa *Declaração*, repetindo a diretriz já traçada na *Carta das Nações Unidas*, os Estados devem implementar políticas necessárias para:

> preservar as gerações futuras do flagelo da guerra, de estabelecer condições sob as quais a justiça e o respeito às obrigações emanadas de tratados e outras fontes do direito internacional possam ser mantidos, de promover o progresso social e o melhor padrão de vida dentro de um conceito mais amplo de liberdade, de praticar a tolerância e a boa vizinhança e de empregar mecanismos internacionais para promover avanços econômicos e sociais em benefício de todos os povos.

A mesma *Declaração* destaca que:

> [...] todos os direitos humanos são universais, indivisíveis, interdependentes e inter-relacionados, [...] [estabelecendo que] a comunidade internacional deve tratar os direitos humanos de forma global, justa e equitativa, em pé de igualdade e com a mesma ênfase. Embora particularidades nacionais e regionais devam ser levadas em consideração, assim como diversos contextos históricos, culturais e religiosos, é dever dos Estados promover e proteger todos os direitos humanos e liberdades fundamentais, sejam quais forem seus sistemas políticos, econômicos e culturais.

Além disso, como signatário da *Declaração interamericana de direitos humanos* (pacto de São José da Costa Rica, firmado em 1969), o próprio Estado brasileiro deve responder à Comissão Interamericana de Direitos Humanos por seus atos e omissões que digam respeito às normas do referido tratado, podendo ser compelido pela Corte Interamericana a inibir a violação dos direitos humanos e até a reparar as consequências da violação desses direitos mediante o pagamento de indenização justa à parte lesada (art. 63).

É por todos esses motivos, essenciais à efetivação do Estado democrático de direito social, reivindicado nas ruas e conforme previsto na Constituição Federal, que os propósitos dos movimentos sociais são abarcados pelo direito, tendo assegurada a sua atuação política, voltada à melhoria da condição de vida de seus integrantes, assim como em atos de solidariedade.

A superação das injustiças sociais como preceito jurídico, portanto, é uma obrigação imposta a todos, sendo certo que uma das maiores injustiças que se pode cometer é a de impedir que as vítimas da injustiça social e da intolerância tenham voz, mantendo-as órfãs de uma ação política institucional efetivamente voltada ao atendimento de suas necessidades.

A ordem jurídica está posta no sentido de coibir a intolerância e reafirmar o compromisso, assumido internacionalmente, de respeito aos direitos humanos de índole social, reconhecendo, sobretudo, como fundamentais os direitos de liberdade de expressão e de reivindicação dos excluídos (sem-teto, sem-terra e desempregados), dos trabalhadores, dos estudantes e das minorias e discriminados (mulheres, homossexuais, negros, índios, pessoas com deficiência), constituindo-se ainda em relevante instrumento para coibir todas as práticas repressivas, antissociais, antissindicais, antidemocráticas e preconceituosas.

Esse é o presente que irrompeu nas ruas: a seriedade quanto à efetividade dos preceitos jurídicos do direito social. Cumpre às estruturas de poder, enfim, levar adiante esse projeto, o que é, ademais, a sua função.

Mídia, rebeldia urbana e crise de representação
Venício A. de Lima

Muito se tem escrito sobre a importância das novas tecnologias de informação e comunicação (TICs) para a rebeldia urbana contemporânea, aconteça ela na África, na Europa, na América Latina ou em qualquer outro lugar do planeta. Todavia, se é verdade que as TICs constituem os dispositivos tecnológicos por meio dos quais as manifestações – ao mesmo tempo anárquicas e organizadas – se articulam, não se deve ignorar o "ambiente" dentro do qual elas ocorrem.

Nas sociedades contemporâneas, não obstante a velocidade das mudanças tecnológicas, sobretudo no campo das comunicações, a centralidade da velha mídia – televisão, rádio, jornais e revistas – é tamanha que nada ocorre sem seu envolvimento direto e/ou indireto.

Partindo dessa premissa e apesar da proximidade cronológica dos fatos, este ensaio procura identificar questões preliminares relativas ao papel da velha mídia e qual teria sido seu envolvimento no complexo processo das manifestações populares ocorridas por todo o Brasil no decorrer de junho de 2013.

90 | Cidades rebeldes

I

Um primeiro aspecto chama a atenção. Pelo que se sabe, a maioria dos aglutinadores e participantes das manifestações é formada por jovens – em Brasília, um dos "líderes" da chamada "Revolta do Vinagre" tem 17 anos – que foram inicialmente convocadas através de redes sociais, isto é, um sistema de comunicação interpessoal independente do controle da velha mídia.

Apesar de "conectados" por essas redes e, portanto, de não se informarem, não se divertirem e não se expressarem (prioritariamente) por meio da velha mídia, os jovens que detonaram as manifestações ainda dependem dela para alcançar visibilidade pública, isto é, para serem incluídos no espaço formador da opinião pública.

Esse aparente paradoxo decorre do fato de que a velha mídia, sobretudo a televisão, (ainda) controla e detém o monopólio de "tornar as coisas públicas". Além de dar visibilidade, ela é indispensável para "realimentar" o processo e permitir sua própria continuidade.

Cartazes dispersos nas manifestações revelaram que os jovens manifestantes se consideram "sem voz pública", isto é, sem canais para se expressar e ter sua voz ouvida. Ou melhor, a voz deles não se expressa nem é ouvida publicamente. Vale dizer que as TICs (sobretudo as redes sociais virtuais acessadas via telefonia móvel) não garantem a inclusão dos jovens – nem de vários outros segmentos da população brasileira – no debate público cujo monopólio é exercido pela velha mídia.

II

Outro ponto importante é que, pelo menos desde que a televisão se transformou em "mídia de massa" hegemônica, a cultura política que vem sendo construída e consolidada no Brasil tem sido a de permanentemente desqualificar não só a política em si como seus atores. E é no contexto dessa cultura política que as gerações pós-ditadura foram formadas, mesmo não sendo usuárias diretas da velha mídia.

Independente das inúmeras e legítimas razões que justificam a expressão democrática de uma insatisfação generalizada por parte de uma parcela significativa da população brasileira, não se pode ignorar a construção de uma cultura política que desqualifica sistematicamente as instituições políticas e os próprios políticos. Mais importante: não se podem ignorar os riscos potenciais para o regime democrático quando é essa a cultura política que prevalece.

Recorri inúmeras vezes, ao longo dos anos, a uma arguta observação da professora Maria do Carmo Campello de Souza (já falecida) ao tempo da transição para a democracia, ainda no fim da década de 1980.

No capítulo "A Nova República brasileira: sob a espada de Dâmocles", publicado em livro organizado por Alfred Stepan[1], ela discute, dentre outras, a questão da credibilidade da democracia. Nas rupturas democráticas, afirma, as crises econômicas têm menor peso causal do que a presença ou ausência do *system blame* (literalmente, "culpar o sistema"), isto é, a avaliação negativa do sistema democrático que o responsabiliza pela situação.

Citando especificamente os exemplos da Alemanha e da Áustria na década de 1930, lembra Campello de Souza que "o processo de avaliação negativa do sistema democrático estava tão disseminado que, quando alguns setores vieram em defesa do regime democrático, eles já se encontravam reduzidos a uma minoria para serem capazes de impedir a ruptura".

A análise da situação brasileira há mais de duas décadas parece mais atual do que nunca. A contribuição insidiosa da velha mídia para o incremento do *system blame* era apontada como um dos obstáculos à consolidação democrática. Vale a pena a longa citação:

> A intervenção da imprensa, rádio e televisão no processo político brasileiro requer um estudo linguístico sistemático sobre o "discurso adversário" em relação à democracia, expresso pelos meios de comunicação. Parece-nos possível dizer [...] que os meios de comunicação têm tido uma participação extremamente acentuada na extensão do processo de *system blame* [...]. Deve-se assinalar o papel exercido pelos meios de comunicação na formação da imagem pública do regime, sobretudo no que se refere à acentuação de um aspecto sempre presente na cultura política do país – a desconfiança arraigada em relação à política e aos políticos – que pode reforçar a descrença sobre a própria estrutura de representação partidária-parlamentar. [...]
> O teor exclusivamente denunciatório de grande parte das informações acaba por estabelecer junto à sociedade [...] uma ligação direta e extremamente nefasta entre a desmoralização da atual conjuntura e a substância mesma dos regimes democráticos. [...] A despeito da evidente responsabilidade que cabe à imensa maioria da classe política pelo desenrolar sombrio do processo político brasileiro, os meios de comunicação a apresentam

---

[1] Ver Alfred Stepan (org.), *Democratizando o Brasil* (Rio de Janeiro, Paz e Terra, 1988).

92 | Cidades rebeldes

de modo homogeneizado e, em comparação com os dardos de sua crítica, poupam outros setores [...]. Tem-se muitas vezes a impressão de que corrupção, cinismo e desmandos são monopólio dos políticos, dos partidos ou do Congresso [...].[2]

III

Na lógica do paradoxo redes sociais *versus* velha mídia e de uma cultura política desqualificadora da política e dos políticos, é necessário observar como tem sido o comportamento da velha mídia na cobertura das manifestações.

A primeira reação foi de condenação pura e simples. As manifestações deveriam ser reprimidas com rigor ainda maior. À medida, no entanto, que o fenômeno se alastrou, a velha mídia alterou radicalmente sua avaliação inicial. Passou então a cobrir em tempo real os acontecimentos, como se fosse apenas uma observadora imparcial, que nada tivesse a ver com os fatos que desencadearam todo o processo. O que começou com veemente condenação transformou-se, da noite para o dia, não só em tentativa de cooptação, mas também de instigar e pautar as manifestações, introduzindo bandeiras aparentemente alheias à motivação original dos manifestantes.

A velha mídia identificou nas manifestações – iniciadas com um objetivo específico, a saber, a anulação do aumento da tarifa de ônibus na cidade de São Paulo – a oportunidade de disfarçar o seu papel histórico de bloqueadora do acesso público às vozes – não só de jovens, mas da imensa maioria da população brasileira. Mais do que isso, identificou também uma oportunidade de "desconstruir" as inegáveis conquistas sociais dos últimos anos em relação ao combate à desigualdade, à miséria e à pobreza.

IV

É necessário, então, introduzir um fator sempre ignorado quando se fala na "crise da representação política" que, como se sabe, não é exclusiva da democracia brasileira, mas um sinal de esgotamento de instituições tradicionais das democracias representativas.

A velha mídia não pode mais ser considerada o "quarto poder", imparcial e independente, fiscalizador dos governos e expressão da opinião do público, como ensinava o liberalismo clássico oitocentista.

---

[2] Ibidem, p. 586-9s.

Em entrevista recente, o professor Wanderley Guilherme dos Santos chamava atenção para o fato de que:

> [...] as classes C e D têm uma representação majoritária na sociedade em diversos sindicatos, entidades etc., mas são minoritárias na representação parlamentar de seus interesses. Ou seja, [...] têm menos capacidade de articulação no âmbito das instituições [políticas] do que as classes A e B.[3]

Esse déficit na representação política do Parlamento, acrescido do bloqueio histórico de vozes ao debate público e a consequente corrupção da opinião pública, praticados pelos oligopólios empresariais da velha mídia, talvez nos ajudem a compreender, pelo menos em parte, a explosão das ruas.

Se não existem as condições para a formação de uma opinião pública democrática – uma vez que a maioria da população permanece excluída e não representada no debate público –, não pode haver legitimidade nos canais institucionalizados (os partidos políticos) por meio dos quais se escolhe os representantes da população.

Ademais, a crescente ausência de sintonia (ou, em outras palavras, o descolamento da velha mídia da imensa maioria da população brasileira) vem sendo diagnosticada faz tempo. Ao contrário do que ocorre em outras democracias, no Brasil, a velha mídia praticamente não oferece espaço para o debate de questões de interesse público. Aliás, salvo raríssimas exceções na mídia impressa, não oferece nem mesmo um serviço de ouvidoria (*ombudsman*) que acolha a voz daqueles que se considerem não representados.

Dessa forma, a ampla diversidade de opiniões existente na sociedade não encontra canais de expressão pública nem tem como se fazer representar no debate público formador da opinião pública.

Apesar disso, não é a primeira vez em nossa história política recente que a velha mídia se autoatribui o papel de formadora e, simultaneamente, de expressão da vontade das ruas, vale dizer, da "opinião pública". Mas, embora consiga dissimular com competência suas reais intenções, a velha mídia não só faz parte como de fato agrava a crise da representação política.

Não estariam criadas as condições para alimentar a violenta hostilidade revelada nas manifestações contra jornalistas, equipes de reportagem e veículos identificados com emissoras de TV da velha mídia?

---

[3] Wanderley Guilherme dos Santos, em entrevista cedida a Christian Lynch, *Insight Inteligência*, fev.-mar. 2013, disponível em: <www.insightinteligencia.com.br/60/PDFs/pdf1.pdf>. Acesso em 20 jul. 2013.

V

As manifestações populares devem, obviamente, ser vistas por aqueles em posição de poder como uma oportunidade de avançar, de reconsiderar prioridades e políticas públicas participativas e democráticas. Do ponto de vista da velha mídia, todavia, é indispensável que se reflita sobre o tipo de cobertura política que vem sendo oferecida ao país. Contribuir para o fortalecimento e a consolidação democrática não deveria constituir um objetivo da velha mídia?

Apesar de ser um tema delicado e difícil – ou exatamente por essa razão –, é fundamental que se considerem os limites entre uma cobertura sistematicamente adversária da política e seus atores e os riscos de ruptura do próprio sistema democrático que isso implica.

É indispensável, portanto, que uma reforma política inclua a regulação das comunicações como garantia de que se estabeleçam as condições para a formação de uma opinião pública capaz de agregar mais vozes ao debate público, vale dizer, para que mais brasileiros – e não só os rebeldes urbanos – sejam democraticamente representados.

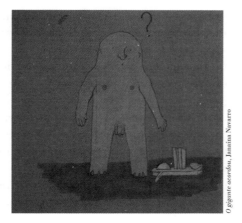

O gigante acordou, Janaína Navarro

Em São Paulo, o Facebook e o Twitter foram às ruas
Leonardo Sakamoto

Os políticos tradicionais têm dificuldade em assimilar de que forma os movimentos se utilizam de ferramentas como o Twitter e o Facebook. Acreditam que essas redes funcionem apenas como um espaço para *marketing* pessoal ou, no máximo, um canal para fluir informação e atingir o eleitor. Há também os que creem que redes sociais funcionam como entidades em si e não como plataformas de construção política, onde vozes dissonantes ganham escala, pois não são mediadas pelos veículos tradicionais de comunicação – ou seja, onde você encontra o que não é visto em outros lugares, por exemplo.

Essas tecnologias de comunicação não são apenas ferramentas de descrição, mas sim de construção e reconstrução da realidade. Quando alguém atua através de uma dessas redes, não está simplesmente reportando, mas também inventando, articulando, mudando. Isto, aos poucos, altera também a maneira de se fazer política e as formas de participação social.

"Ah, mas esses jovens que resolveram, de uma hora para outra, questionar como a vida se organizava antes de eles nascerem são muito novos para entender como tudo funciona." Não, não são. Já perceberam o que

96 | Cidades rebeldes

significa ordem, hierarquia e tradição – e não gostaram. Até porque esses são os valores de uma civilização representada por fuzis, colheitadeiras, motosserras, terno e paletó, que, mais cedo ou mais tarde, terá de mudar. Este não é o mundo, tampouco a política, que muitos deles querem.

O paradigma do sistema político representativo está em grave crise por não ter conseguido dar respostas satisfatórias à sociedade, sobretudo aos mais jovens. Muito pelo contrário, apesar de ser uma importante arena de discussão, esse paradigma não foi capaz de alterar o *status quo*. Apenas lançou migalhas por intermédio de pequenas concessões, mantendo a estrutura da mesma maneira e a população sob controle.

Isto levou também ao fortalecimento da luta em outras frentes, além daquela representada pela capital/trabalho. A vanguarda dos progressistas foi ocupada por grupos que discutem as liberdades individuais e a qualidade de vida nas grandes cidades – desde a mobilidade urbana, passando pelas demandas de direitos sexuais e reprodutivos até o poder de dispor do próprio corpo.

Os mais velhos veem isso como uma pauta que não altera em nada a estrutura social. O problema entre a velha e a nova esquerda está no contexto histórico em que seus atores foram formados. Não adianta mostrar fatos novos ou uma nova luz para a interpretação da realidade: há grupos que fecham e não abrem com padrões paleozoicos de interpretação.

A meu ver, a solução desse embate se dará com os mais antigos se retirando para dar lugar aos mais novos, formados em uma matriz diferente.

Protestos contra o aumento de passagens do transporte público; sobre estações de metrô que têm sua localização alterada em benefícios de um grupo social privilegiado; ocupações de reitorias universitárias por estudantes, ou de prédios abandonados por sem-teto; manifestações pelo direito ao aborto, pelo uso de substâncias consideradas ilícitas e por outras liberdades. Todas têm um objetivo muito maior do que obter concessões de curto prazo. Elas não servem apenas para garantir transporte público, tapar as goteiras das salas de aula, destinar um prédio aos sem-teto ou ainda conquistar direitos individuais. Os problemas enfrentados pelos movimentos urbanos envolvidos nesses atos políticos não são pontuais, mas sim decorrência de um modelo de desenvolvimento que, enquanto explora o trabalho, concentra a renda e favorece classes de abastados, ou deprecia a coisa pública (quando ela não se encaixa em seus interesses) ou a privatiza (quando ela se encaixa).

Os atos que se iniciaram contra o aumento nas tarifas dos ônibus acabaram por levar centenas de milhares às ruas em São Paulo no dia

17 de junho de 2013, em solidariedade à ideia e repúdio à violência com a qual manifestantes e jornalistas haviam sido espancados e presos pela Polícia Militar dias antes, na quinta-feira, 13 de junho. Uma massa heterogênea, descontente, sob um guarda-chuva de uma pauta bastante concreta e objetiva. Que, dias depois, em 19 de junho, foi atendida após a revogação do aumento na tarifa dos transportes públicos informados pelo governador Geraldo Alckmin e pelo prefeito Fernando Haddad.

Uma manifestação de rua, dois dias antes, reunindo mais de 200 mil pessoas, acabou por mudar o perfil dos que estavam protestando em favor da redução da tarifa. O chamado, feito via redes sociais, trouxe as próprias redes sociais para a rua. Quem andou pela Avenida Paulista percebeu que boa parte dos cartazes eram comentários tirados do Facebook e do Twitter.

Contudo, apesar de as manifestações terem uma clara origem de esquerda, nem todos os que foram às ruas eram exatamente progressistas. Aliás, vale lembrar que o Brasil é bem conservador – da "elite branca" paulistana à chamada "nova classe média" que ascendeu socialmente, tendo como referências símbolos de consumo (e a ausência deles como depressão). Trata-se de uma população com 93% a favor da redução da maioridade penal. Que acha que a mulher não é dona de seu corpo. Que é contra o casamento gay. Que tem nojo dos imigrantes pobres da América do Sul. Que apoia o genocídio de jovens negros e pobres nas periferias das grandes cidades. Enfim, não é porque centenas de milhares foram às ruas por uma pauta justa que essa realidade mudou.

Grupos conservadores se organizaram na internet para pegar carona nos atos. Lá chegando, colocaram as mangas de fora com suas pautas paralelas. Na convocação do sétimo ato (no dia 20), após a revogação da tarifa, isso ficou bem evidente. Estavam aos milhares na Paulista e arredores, sendo uma ruidosa, chata e violenta minoria. Com um discurso superficial, que cola fácil, fez adeptos instantâneos. Parte usava o verde-amarelo, lembrando os divertidos e emocionantes dias com os amigos em que se podem ver os jogos da Copa do Mundo.

Esse grupo sentiu-se à vontade para agir em público exatamente da mesma forma que já fazia nas áreas de comentários de blogs e nas redes sociais, mas sob o anonimato. Alguns até atacaram – de forma verbal e física – militantes de partidos e sindicalistas presentes no ato.

Engana-se, porém, quem afirma que essa era uma massa fascista e uniforme. Havia, sim, um pessoal de ultradireita, que enxerga comunismo em ovo e estava babando de raiva, louco para derrubar um governo. Que

98 | Cidades rebeldes

tem saudades de 1964 e conta com fotos de velhos generais de cueca na parede do quarto. Essa ultradireita se utiliza da violência física e da intimidação como instrumentos de pressão: por menos numerosa que seja, provoca sustos. Eles estão entre os mais pobres, mas também entre os mais ricos – com acesso a recursos midiáticos e dinheiro. A saída deles do armário e seu ataque a manifestantes ligados a partidos foi bastante consciente.

Mas um gigantesco grupo formado principalmente de jovens, precariamente informado, desaguou subitamente nas manifestações de rua, sem nenhuma formação política, mas com muita raiva e indignação, abraçando a bandeira das manifestações. A revolta desses contra quem portava uma bandeira não foi necessariamente contra o sistema partidário, mas sim contra as instituições tradicionais que representam a autoridade como um todo. Os repórteres da TV Globo, por exemplo, não conseguiam nem usar o prisma com o logo da emissora na cobertura.

Alckmin e Haddad, que demoraram demais para tomar a decisão de revogar e frear o caldo que entornava, ajudaram a agravar a situação de descontentamento com a classe política. "Que se vão todos", pensam alguns desses jovens. "Não precisamos de partidos para resolver nossos problemas", dizem outros, que não conhecem a história recente do Brasil. "Políticos são um câncer", exclamam, colocando todo mundo no mesmo balaio de gatos.

Ignoravam que a livre associação em partidos e a livre expressão são direitos humanos, e que negá-los é muito pior que um policial militar dar um golpe de cassetete em um manifestante.

Conversei com muitos desses jovens que gritavam "abaixo os partidos políticos", pauta que comecei a ouvir ainda no dia 17, quando aquele perfil diferente de manifestante engrossou os atos. Perguntei o porquê dessa agressividade. Depois de cinco minutos, eles mesmos percebiam que não sabiam responder muito bem. Compraram um discurso fácil, que cabia em sua indignação.

Dentre esses indignados que foram preparados, ao longo do tempo, pela família, pela escola, pela Igreja e pela mídia para tratarem o mundo de forma conservadora, sem muita reflexão, filhos de pais que viveram o auge do neoliberalismo, tem gente simplesmente com muita raiva de tudo e botando isso para fora. O PSDB tem culpa nisso. O PT tem culpa nisso. Pois a questão não é só garantir emprego e objetos de consumo. Sinto que eles querem sentir que poderão ser protagonistas de seu país e de sua vida. E enxergam a classe política e as instituições tradicionais como parte do problema.

Mas não se joga a criança fora porque a água do banho está suja. E não se expulsam políticos ou partidos do processo democrático por vias autoritárias, por mais que o sangue suba à cabeça.

Como já disse, muitos entre os mais jovens desconhecem o valor das lutas que trouxeram a sociedade até aqui – e não fizemos questão de mostrar isso a eles. Muito menos como os mais velhos foram protagonistas dessas lutas. Eles não precisam ser mitificados (não gosto de heróis), mas também não podem ser desprezados. Pois, se daqui em diante novos caminhos podem ser trilhados, é porque alguém abriu uma estrada que nos trouxe até aqui.

É claro que os grupos conservadores mais radicais vão se aproveitar desse momento e botar lenha no descontentamento, apontando como culpados a classe política que está no poder. Flertam com ações autoritárias e, evidentemente, adorariam desestabilizar essas instituições.

Não temos uma prática de debate político público como em outros lugares. Se, de um lado, a esquerda vai ter de aprender a conviver com passeatas conservadoras sem entrar em pânico, sem ler nelas uma nova Marcha da Família com Deus pela Liberdade nos moldes daquela que nos levou à Grande Noite, de outro, os reacionários extremistas terão de aprender a se portar com decência – coisa que, nas redes sociais, já provaram serem incapazes de fazer.

O desafio é que, diante de comportamentos questionáveis e pouco democráticos desses jovens conservadores, acabamos por externar nosso desprezo e nossa raiva. Podemos ignorá-los, enquanto crescem em número. Ou conquistá-los para o diálogo e não para o confronto.

Até porque eles precisam compreender, por exemplo, que "o povo não acordou" agora. Quem acordou foi uma parte. A outra nunca dormiu – afinal, nem tinha cama para tanto. No campo, marchas reúnem milhares de pobres entre os mais pobres, que pedem terra para plantar e seus territórios ancestrais de volta – grupos que são vítimas de massacres e chacinas desde sempre. Ao mesmo tempo, feministas, negros, gays, lésbicas, sem-teto sempre denunciaram a violação de seus direitos pelos mesmos reacionários que, agora, tentam puxar a multidão para o seu lado.

Enfim, o grosso do povo acordará no momento em que a maioria pobre deste país perceber que é explorada sistematicamente. Quando isso acontecer, vai ser lindo.

Uma vez posto em marcha, um movimento horizontal, sem lideranças claras, tem suas delícias – assim como as tem um rio difícil de controlar – e suas dores – assim como as tem um rio difícil de controlar. Temos de aprender a não nos assustar com isso também.

Há um déficit de democracia participativa que precisa ser resolvido. Só votar e esperar quatro anos não adianta mais. Uma reforma política que se concentre em ferramentas de participação popular pode ser a saída.

Muitos desses jovens estão descontentes, mas não sabem o que querem. Apenas o que não querem. Neste momento, por mais agressivos que sejam, boa parte deles está em êxtase, alucinada com a diversão que é estar na rua e com o poder que acreditam ter nas mãos. Mas, ao mesmo tempo, com medo. Pois, cobrados de uma resposta sobre sua insatisfação, no fundo, no fundo, conseguem perceber apenas um grande vazio.

#sobreontem, João Montanaro

Problemas no Paraíso*
Slavoj Žižek

Em seus textos de juventude, Marx descreveu a situação alemã como aquela em que a solução de problemas particulares só era possível através da solução universal (revolução global radical). Aí reside a fórmula mais resumida da diferença entre um período reformista e um revolucionário: no primeiro, a revolução global continua a ser um sonho que, na melhor das hipóteses, sustenta nossas tentativas para aprovar alterações locais – e, no pior dos casos, impede-nos de concretizar mudanças reais –, ao passo que uma situação revolucionária surge quando se torna claro que apenas uma mudança global radical pode resolver os problemas particulares. Nesse sentido puramente formal, 1990 foi um ano revolucionário: tornou-se claro que as reformas parciais dos Estados comunistas não seriam suficientes, que era necessário uma ruptura global radical para resolver até mesmo problemas parciais.

Então onde é que estamos hoje em relação a essa diferença? Seriam os problemas e protestos dos últimos anos sinais de uma crise global que está gradual e inexoravelmente se aproximando, ou seriam estes apenas

---

* Versão revista pelo autor de um texto com o mesmo título publicado no *Blog da Boitempo*, em 5 jul. 2013. Tradução do inglês por Nathalia Gonzaga.

102 | Cidades rebeldes

pequenos obstáculos que podem ser contidos, se não resolvidos, por meio de intervenções precisas e específicas? A característica mais estranha e ameaçadora sobre eles é que não estão explodindo apenas nos pontos fracos do sistema, mas também em lugares que eram até agora tidos como histórias de sucesso. Problemas no Inferno parecem compreensíveis, mas por que é que há problemas no Paraíso, em países prósperos ou que, ao menos, passam por um período de rápido desenvolvimento, como a Turquia, a Suécia ou o Brasil? Em retrospectiva, podemos ver agora que o "problema no Paraíso" original foi a revolução de Khomeini, no Irã, um país considerado oficialmente próspero, na via rápida da modernização pró-ocidental e principal aliado do Ocidente na região. Talvez exista algo de errado com a nossa percepção de Paraíso.

Antes das contínuas ondas de protestos, a Turquia era quente: um modelo de economia liberal próspera combinado com um islamismo moderado. Apta para a Europa, mostrou-se um contraste bem-vindo em relação a essa Grécia "meio europeia", presa em um antigo pântano ideológico e destinada à autodestruição econômica. Sim, havia sinais ameaçadores (a insistente negação do holocausto armênio, a prisão de centenas de jornalistas, a situação não resolvida dos curdos, a imposição ocasional da legislação religiosa etc.), mas que foram tomados como pequenas manchas, incapazes de borrar a imagem internacional de um país em que, aparentemente, a última coisa que se poderia esperar eram manifestações.

Então o inesperado aconteceu: explodiram os protestos da praça Taksim, no centro de Istambul. E hoje todo mundo já sabe que a transformação do tal do parque que faz fronteira com a praça em um centro comercial não foi exatamente o motivo dos protestos; um mal-estar mais profundo foi ganhando força sob a superfície. É o mesmo com os protestos que eclodiram no Brasil em meados de junho: foram sim desencadeados por um pequeno aumento no preço do transporte público, mas então por que continuaram mesmo após essa medida ter sido revogada? Mais uma vez, os protestos explodiram em um país que, ao menos de acordo com a mídia, encontrava-se em seu ápice econômico, desfrutando da alta confiança depositada no próprio futuro. Somou-se ao mistério o fato de que os manifestantes foram imediatamente apoiados pela presidenta Dilma Rousseff, que afirmou estar "encantada". Portanto, quem são os verdadeiros alvos de inquietação dos manifestantes sobre a corrupção e a desintegração dos serviços públicos?

No caso turco, é crucial não limitar os protestos a uma sociedade civil secular impondo-se contra um governo islâmico autoritário e apoiado pela maioria muçulmana silenciosa: o que complica a situação é seu caráter anticapitalista. Seu eixo fundamental foi a ligação entre o islamismo autoritário e a privatização do espaço público de livre mercado. Essa ligação é justamente o que torna o caso da Turquia tão interessante e de longo alcance: os manifestantes intuitivamente sentiam que a liberdade de mercado e o fundamentalismo religioso não são mutuamente exclusivos, que podem muito bem trabalhar lado a lado – um sinal claro de que o "eterno" casamento entre a democracia e o capitalismo aproxima--se do divórcio.

Devemos evitar o essencialismo aqui: não existe um único objetivo "real" perseguido pelos manifestantes, algo capaz de, uma vez concretizado, reduzir a sensação geral de mal-estar. O que a maioria dos manifestantes compartilha é um sentimento fluido de desconforto e descontentamento que sustenta e une demandas particulares. Aqui, novamente, o velho lema de Hegel de que "os segredos dos antigos egípcios eram segredos também para os próprios egípcios" mantém-se plenamente: a luta pela interpretação dos protestos não é apenas "epistemológica"; a luta dos jornalistas e teóricos sobre o verdadeiro teor dos protestos é também uma luta "ontológica", que diz respeito à coisa em si, que ocorre no centro dos próprios protestos. Há uma batalha acontecendo dentro dos protestos sobre o que eles próprios representam: é apenas uma luta contra a administração de uma cidade corrupta? Contra o regime islâmico autoritário? Contra a privatização dos espaços públicos? O desfecho dessa situação está em aberto, e será resultado do processso político atualmente em curso.

O mesmo vale para a dimensão espacial dos protestos. Já em 2011, quando uma onda de manifestações estava explodindo por toda a Europa e pelo Oriente Médio, muitos comentaristas insistiam que não deveríamos tratá-los como momentos de um mesmo movimento de insatisfação global, pois cada um deles reagia a uma situação específica: no Egito, os manifestantes exigiam aquilo que as sociedades contra as quais o movimento Occupy protestava já tinham (a liberdade e a democracia). A Primavera Árabe no Egito e a Revolução Verde no Irã eram fundamentalmente diferentes: enquanto o primeiro dirigia-se contra um autoritário regime pró--ocidental e corrupto, o segundo condenava o autoritarismo islâmico. É fácil observar como essa particularização de protestos ajuda os defensores da ordem mundial existente: não há nenhuma ameaça contra a ordem global como tal, e sim problemas locais específicos.

Aqui, no entanto, deve-se ressuscitar o bom e velho conceito marxista de totalidade – neste caso, da totalidade do capitalismo global. O

104 | Cidades rebeldes

capitalismo global é um processo complexo que afeta diversos países de maneiras variadas, e o que unifica tantos protestos em sua multiplicidade é que são todos reações contra as múltiplas facetas da globalização capitalista. A tendência geral do capitalismo global atual é direcionada à expansão do reino do mercado, combinada ao enclausuramento do espaço público, à diminuição de serviços públicos (saúde, educação, cultura) e ao aumento do funcionamento autoritário do poder político. É dentro desse contexto que os gregos protestam contra o reinado do capital financeiro internacional e contra seu próprio Estado clientelista, ineficiente e corrupto, cada vez menos capaz de fornecer serviços sociais básicos.

O que une esses protestos é o fato de que nenhum deles pode ser reduzido a uma única questão, pois todos lidam com uma combinação específica de (pelo menos) duas questões: uma econômica, de maior ou menor radicalidade, e outra político-ideológica, que inclui desde demandas pela democracia até exigências para a superação da democracia multipartidária usual. E será que o mesmo já não se aplica ao Occupy Wall Street? O movimento Occupy sugere duas ideias básicas: i) o descontentamento com o capitalismo *como sistema* (o problema é o sistema capitalista em si, não a sua corrupção em particular); e ii) a consciência de que a forma institucionalizada de democracia multipartidária representativa não é suficiente para combater os excessos capitalistas, ou seja, que a democracia tem de ser reinventada.

Isto, é claro, não significa que, uma vez que a verdadeira causa dos protestos é o capitalismo global, a única solução seja sobrepor-se diretamente a ele. A alternativa de negociação pragmática com problemas particulares na esperança de uma transformação radical é falsa, pois ignora o fato de que o capitalismo global é necessariamente inconsistente: a liberdade de mercado anda de mãos dadas com o fato de os Estados Unidos apoiarem seus próprios agricultores com subsídios; pregar democracia anda de mãos dadas com o apoio à Arábia Saudita. Tal inconsistência, essa necessidade de quebrar suas próprias regras, cria um espaço para intervenções políticas: quando o capitalista global é forçado a violar suas próprias regras, abre-se uma oportunidade para insistir que essas mesmas regras sejam obedecidas. Isto é, exigir coerência e consistência em pontos estrategicamente selecionados nos quais o sistema não consegue se manter coerente e consistente é uma forma de pressioná-lo como um todo. Em outras palavras, a arte da política reside em insistir em uma determinada demanda que, embora completamente "realista", perturba o cerne da ideologia hegemônica e implica uma mudança muito mais radical, ou seja, que embora definitivamente viável e legítima, é de fato impossível. Era este o caso do projeto de saúde universal de Obama, razão pela qual as reações contrárias foram tão violentas, assim como as reinvindicações do caso brasileiro, com o projeto Tarifa Zero.

Um movimento político nasce de alguma ideia positiva em prol da qual ele se esforça, mas ao longo de seu próprio curso essa ideia passa por uma transformação profunda (não apenas uma acomodação tática, mas uma redefinição essencial), porque a ideia em si é comprometida no processo, (sobre)determinada em sua materialização[1]. Tomemos como exemplo uma revolta motivada por um pedido de justiça: uma vez que as pessoas tornam-se de fato envolvidas, pecebem que é necessário muito mais para que seja feita a verdadeira justiça do que apenas as limitadas solicitações com que começaram (revogação de algumas leis etc.). A questão, portanto, é: o que exatamente seria esse "muito mais"? A ideia liberal-pragmática é que os problemas podem ser resolvidos gradualmente, um a um ("as pessoas estão morrendo agora em Ruanda, então esqueçamos sobre a luta anti-imperialista e vamos apenas evitar esse massacre"). O problema é a premissa subjacente de que seja possível obter tudo isso dentro do capitalismo global em sua forma atual. Mas e se os problemas de funcionamento do capitalismo, em vez de distúrbios acidentais, forem estruturalmente necessários? Muito se falou da violência por parte dos manifestantes. Mas o que é essa violência quando comparada àquela necessária para sustentar o sistema capitalista global funcionando "normalmente"?

Os protestos e revoltas atuais são sustentados pela sobreposição de diferentes níveis, e é esta combinação de propostas que representa sua força: eles lutam pela democracia ("normal", parlamentar), contra regimes autoritários; contra o racismo e o sexismo, especialmente contra o ódio dirigido a imigrantes e refugiados; pelo estado de bem-estar social contra o neoliberalismo; contra a corrupção na política mas também na economia (empresas que poluem o meio ambiente etc.); por novas formas de democracia que avancem além dos rituais multipartidários; e, finalmente, questionando o sistema capitalista mundial como tal, na tentativa

---

[1]   Em seu famoso Prefácio à *Contribuição à crítica da economia política* (São Paulo, Expressão Popular, 2012), Marx escreveu que, em seu pior modo evolutivo, a humanidade só apresenta a si mesma tarefas que ela é capaz de resolver. Somos tentados a inverter essa declaração e afirmar que a humanidade só apresenta para si tarefas que não pode resolver, desencadeando, assim, um processo imprevisível no decurso do qual a própria tarefa (ou objetivo) é redefinida.

106 | Cidades rebeldes

de manter viva a ideia de uma sociedade não capitalista. Duas armadilhas existem aí, a serem evitadas: o falso radicalismo ("o que realmente importa é a abolição do capitalismo liberal-parlamentar, todas as outras lutas são secundárias") e o falso gradualismo ("no momento, temos de lutar por uma democracia básica; todos os sonhos socialistas devem ser postos de lado por enquanto"). A situação é, portanto, devidamente sobredeterminada, e devemos inquestionavelmente mobilizar aqui as velhas distinções maoístas entre a contradição principal e as contradições secundárias – isto é, os antagonismos –, entre os que mais interessam no fim e os que dominam hoje. Por exemplo, há situações concretas em que insistir sobre o antagonismo principal significa perder a oportunidade e, portanto, desferir um golpe à própria luta.

Somente a política que leva plenamente em conta a complexidade da sobredeterminação merece o nome de *estratégia* política. Quando temos de lidar com uma luta específica, a questão chave é: como nosso engajamento (ou a falta dele) nesta luta afetará as outras? A regra geral é que quando uma revolta começa contra um regime semidemocrático opressivo, como foi o caso do Oriente Médio em 2011, é fácil mobilizar grandes multidões com palavras de ordem que facilmente agradam ("pela democracia", "contra a corrupção" etc.). Mas então surgem gradualmente escolhas mais difíceis: quando a nossa revolta é vitoriosa em seu objetivo direto, percebemos que o que realmente nos incomodou (nossa falta de liberdade, a corrupção social, a falta de perspectiva de uma vida decente) toma uma nova forma e precisamos então admitir que há uma falha em nosso objetivo em si (por exemplo, de que a democracia "normal" também pode ser uma forma de falta de liberdade), ou que devemos exigir mais do que apenas a democracia política – pois a vida social e a economia também devem ser democratizadas. Em suma, o que à primeira vista tomamos como um fracasso que só atingia um princípio nobre (a liberdade democrática) é afinal percebido como fracasso inerente ao próprio princípio. Essa descoberta – de que o princípio pelo qual lutamos pode ser inerentemente viciado – é um grande passo de pedagogia política.

É nesse sentido que o principal *insight* de Marx permanece válido, talvez mais do que nunca: para ele, a questão da liberdade não deveria ser localizada apenas na esfera política propriamente dita. A chave para a verdadeira liberdade reside também na rede "apolítica" das relações sociais, desde o mercado até a família, em que a mudança necessária, se quisermos uma melhoria efetiva, não é a reforma política, mas a transformação nas relações sociais "apolíticas" de produção. Os juízes são independentes? A imprensa é livre de pressões escusas? Os direitos humanos são respeitados? Não votamos em quem deveria ser o dono do quê, nas relações dentro de uma fábrica etc. Tudo isso é deixado para os processos de fora da esfera política. A ideologia dominante mobiliza aqui todo o seu arsenal para nos impedir de chegar a essa conclusão radical. Seus representantes nos dizem que a liberdade democrática traz consigo sua própria responsabilidade e que esta tem um preço – logo, que é um sinal de imaturidade esperar tanto assim da democracia. Dessa forma, nos culpam por nosso fracasso: segundo eles, em uma sociedade livre somos todos capitalistas investindo na própria.vida, quando decidimos, por exemplo, estudar mais do que se divertir para sermos bem-sucedidos.

Em sentido político mais direto, os Estados Unidos perseguem coerentemente uma estratégia de controle de danos em sua política externa, por meio da recanalização de levantes populares para formas capitalistas-parlamentares aceitáveis: foi o bem-sucedido caso da África do Sul, após a queda do regime do *apartheid*; nas Filipinas, depois da queda de Marcos; na Indonésia, após Suharto etc. É aqui que a política propriamente dita começa: a questão é como seguir adiante depois de finda essa primeira e entusiasmada etapa, como dar o próximo passo sem sucumbir à catástrofe da tentação "totalitária". Um dos grandes perigos que enfrentam os manifestantes é o de se apaixonar por si mesmos, pelo momento agradável que estão tendo nas ruas. "Estão nos perguntando qual é o nosso programa. Não temos programa. Estamos aqui para curtir o momento", dizem. Bom, os carnavais saem barato, mas a verdadeira prova de seu valor é o que permanece no dia seguinte, o modo como o nosso cotidiano se transforma.

Então, o que significaria isso em um caso concreto? Vamos voltar aos protestos de dois países vizinhos, Grécia e Turquia. Numa primeira abordagem, eles podem parecer totalmente diferentes: a Grécia está enroscada nas políticas ruinosas da austeridade, enquanto a Turquia goza de um *boom* econômico e está emergindo como uma nova superpotência regional. Mas e se, no entanto, for cada Turquia que gera e contém sua própria Grécia, suas próprias ilhas de miséria? Em uma de suas *Elegias de Hollywood*, Brecht escreveu sobre essa aldeia (como ele a chama):

> A aldeia de Hollywood foi planejada de acordo com a noção
> Que as pessoas desse lugar fazem do Paraíso. Nesse lugar
> Elas chegaram à conclusão de que Deus,
> Necessitando de um Paraíso e de um Inferno, não precisou
> Planejar dois estabelecimentos, mas

108 | Cidades rebeldes

Apenas um: o Paraíso. Que esse,
Para os pobres e infortunados, funciona
Como inferno.[2]

Será que o mesmo não se aplica à aldeia global de hoje, como os casos exemplares do Qatar ou de Dubai, onde há *glamour* para os ricos e quase escravidão para os trabalhadores imigrantes? Não é de se admirar, então, que um olhar mais atento revele a semelhança subjacente entre a Turquia e a Grécia: privatizações, fechamento de espaços públicos, desmantelamento dos serviços sociais, ascensão da política autoritária. Nesse nível elementar, os manifestantes gregos e turcos estão engajados na mesma luta. O verdadeiro evento teria sido então para coordenar ambas, para rejeitar as tentações "patrióticas", recusar-se a se preocupar com as preocupações de outros e organizar manifestações comuns de solidariedade.

Talvez o próprio futuro dos protestos em curso dependa da capacidade de se organizar essa solidariedade global. Está claro que não vivemos no melhor mundo possível. Os protestos globais devem servir de lembrança ao fato de que temos a obrigação de pensar em alternativas.

---

[2] Compostas por Bertolt Brecht em 1942, as elegias podem ser ouvidas no álbum *Supply and Demand*, do músico alemão Dagmar Krause, gravado pela Hannibal Records em 1986. Fazem parte de um total de dezesseis canções, compostas por Kurt Weill e Hanns Eisler, e interpretadas por Krause.

Sobre os autores

Carlos Vainer é professor titular do Instituto de Pesquisa e Planejamento Urbano e Regional da Universidade Federal do Rio de Janeiro (Ippur-UFRJ) e coordenador da Rede de Observatórios de Conflitos Urbanos e do Núcleo Experimental de Planejamento Conflitual.

David Harvey, geógrafo britânico, é professor de antropologia na pós-graduação da Universidade da Cidade de Nova York e professor de geografia aposentado das universidades Johns Hopkins e Oxford. Autor de diversos livros, pela Boitempo lançou *O enigma do capital* (2011) e *Para entender* O capital (2013).

Ermínia Maricato, professora titular da Faculdade de Arquitetura e Urbanismo da Universidade de São Paulo (FAUUSP) e professora visitante da Unicamp, formulou a proposta do Ministério das Cidades, onde foi ministra adjunta (2003--2005). É autora do livro *O impasse da política urbana no Brasil* (Vozes, 2011).

Felipe Brito é doutor em serviço social pela UFRJ e professor da Universidade Federal Fluminense (UFF), no Polo Universitário de Rio das Ostras. Em parceria com Pedro Rocha de Oliveira, organizou *Até o último homem: visões cariocas da administração armada da vida social* (Boitempo, 2013).

João Alexandre Peschanski, editor-adjunto da Boitempo Editorial, é doutorando em sociologia na Universidade de Wisconsin-Madison (EUA). Organizou, com Ivana Jinkings, *As utopias de Michael Löwy* (Boitempo, 2007). É colunista do *Blog da Boitempo*.

Jorge Luiz Souto Maior é jurista e professor livre-docente da Faculdade de Direito da Universidade de São Paulo (USP). Autor de *Relação de emprego e direito do trabalho* (2007) e *O direito do trabalho como instrumento de justiça social* (2000), pela LTr.

Leonardo Sakamoto, jornalista, é doutor em ciência política pela Universidade de São Paulo e professor de jornalismo da Pontifícia Universidade Católica de São Paulo (PUC-SP). É coordenador da ONG Repórter Brasil e colunista do portal UOL.

Lincoln Secco, professor do Departamento de História da USP, é autor dos livros *Gramsci e o Brasil* (Cortez, 1995), *A Revolução dos Cravos* (Alameda, 2005) e *Caio Prado Júnior* (Boitempo, 2008). É colunista do *Blog da Boitempo*.

Mauro Luis Iasi é professor-adjunto da Escola de Serviço Social da UFRJ, pesquisador do Núcleo de Estudos e Pesquisas Marxistas, membro do Comitê Central do Partido Comunista Brasileiro (PCB), presidente da Associação de Docentes da UFRJ (Adufrj-SSind) e autor de vários livros, incluindo *O dilema de Hamlet* (Boitempo, 2002).

Mídia NINJA (Narrativas Independentes, Jornalismo e Ação) é uma rede descentralizada e colaborativa de comunicadores. Baseia-se nas novas tecnologias para produzir e compartilhar a informação.

110 | Cidades rebeldes

Mike Davis foi caminhoneiro, açougueiro e militante estudantil antes de se tornar professor no Departamento de História da Universidade da Califórnia (Ucla), como especialista nas relações entre urbanismo e meio ambiente. Pela Boitempo, é autor de *Planeta favela* (2006), *Apologia dos bárbaros* (2008) e *Cidade de quartzo* (2009).

O **Movimento Passe Livre** é um movimento social autônomo, apartidário e horizontal, cuja principal luta centra-se na gratuidade do transporte público de qualidade. Foi oficializado em 2005, em Porto Alegre, na Plenária Nacional pelo Passe Livre, organizada durante o Fórum Social Mundial.

Paulo Arantes é professor aposentado do Departamento de Filosofia da USP. Publicou, entre outros livros, *Hegel: a ordem do tempo* (Hucitec, 2000) e *Extinção* (Boitempo, 2007). Coordena a coleção Estado de Sítio, da Boitempo Editorial.

Pedro Rocha de Oliveira formou-se em filosofia na Universidade Estadual do Rio de Janeiro (Uerj) e é mestre e doutor em filosofia pela Pontifícia Universidade Católica do Rio de Janeiro (PUC-RJ). É organizador de *Até o último homem* (Boitempo, 2013), com Felipe Brito.

Raquel Rolnik, arquiteta e urbanista, é professora da Faculdade de Arquitetura e Urbanismo da USP e relatora especial do Conselho de Direitos Humanos da ONU para o Direito à Moradia Adequada. Autora de *A cidade e a lei* (Fapesp/Studio Nobel, 1997) e *O que é cidade* (Brasiliense, 1988), entre outros livros.

Roberto Schwarz, formado em ciências sociais pela USP, é crítico literário e professor aposentado de teoria literária. Entre diversos outros títulos, é autor de *Um mestre na periferia do capitalismo* (1990) e *Ao vencedor as batatas* (1977), ambos pela Duas Cidades.

Ruy Braga é professor do Departamento de Sociologia da USP. Autor de *A política do precariado* (2012) e organizador de *Hegemonia às avessas: economia, política e cultura na era da servidão financeira* (2010), em parceria com Francisco de Oliveira e Cibele Rizek. É colunista do *Blog da Boitempo*.

Silvia Viana, mestre e doutora em sociologia pela Faculdade de Filosofia, Letras e Ciências Humanas da USP, é professora de sociologia da Fundação Getulio Vargas de São Paulo (FGV). Pela Boitempo, publicou o livro *Rituais de sofrimento* (2013).

Slavoj Žižek, filósofo e psicanalista esloveno, é presidente da Sociedade pela Psicanálise Teórica, de Liubliana, e diretor do Instituto de Humanidades da Universidade Birkbeck, de Londres. Possui nove livros traduzidos pela Boitempo, incluindo, *Menos que nada* (2013) e *O ano em que sonhamos perigosamente* (2012). Integra o conselho editorial da *Margem Esquerda*.

Venício A. de Lima, jornalista e sociólogo, é professor titular aposentado de ciência política e de comunicação na Universidade de Brasília (UnB). Publicou, entre outros livros, *Liberdade de expressão x liberdade de imprensa* (Publisher Brasil, 2010) e *Comunicação e cultura: as ideias de Paulo Freire* (Perseu Abramo, 2011).

Projeto do Monumento à Terceira
Internacional, de Vladimir Tatlin,
1919-1920.

Produzido no calor da hora, durante as manifestações que tomaram as ruas do Brasil, e publicado em julho – um mês depois –, este livro foi composto em Bauer Bodoni, 10,5/13, e reimpresso em papel Avena 80 g/m² pela gráfica Rettec para a Boitempo, em outubro de 2020, com tiragem de 1.500 exemplares.